조직에 영혼을 불어넣는
조직 세 우 기

내면 태도 교정 컨설팅 편

한국 조직세우기 센터
유명화 지음

고요아침

CONTENTS

CONTENTS

"싸움은 어떤 것인가요?"

나는 기업에서 의사소통이나 갈등관리 프로그램을 진행할 때 빠뜨리지 않고 싸움에 대해 질문한다. 이 질문에 어떤 사람들은 싸워서는 안된다고 대답을 한다. 내가 '싸움은 격렬한 관계 맺기입니다.' 라고 말하면 고개를 끄덕이며 공감하는 분들도 많다. 그 이후부터 자신의 갈등을 보게 하는데 대부분 눈에 보이는 현상이나 갈등대상에 대해서 이야기 한다. 그럼 다시 질문한다.

1. 그 사건이 당신을 어디로 이끌고 있는지요?
2. 갈등이 당신에게 봉사한 측면이 있다면 무엇일까요?
3. 그 사람이 당신에게 그렇게 중요한 사람입니까?
이 세 가지 질문만으로도 사람들은 자신의 내면을 보기 시작한다.

나는 갈등의 원인을 밖에서 찾는 것에 익숙한 당신을 위해 이 책을 썼다. 우리는 죽는 날 까지 문제에서 자유로울 수 없다. 하지만 어떤 문제든지 소화해 낼 수 있는 내면의 힘이 있다면 진정 원하는 삶에 도전하고 열정을 태울 수 있지 않을까?

당신은 기업의 사장으로서 지혜로운 의사결정을 하길 원한다. 당신은 조직의 리더로서 사건이나 현상에 대한 깊은 통찰력으로 부하직원들에게 존경받길 원한다. 당신은 중간관리자로서 조직 안에서 상급자와 하급자에게 긍정적인 영향력을 미치고 싶다. 당신은 사람들이 하는 말 이면의 메시지를 들을 수 있는 귀가 열리길 바란다. 당신은 사회 초년생으로서 자원을 잘 활용하여 성공하길 원한다. 당신은 좋은 인간관계를 맺어 행복하길 원한다. 그렇다면 이 책은 그런 당신을 위해 쓰였다. 당신은 이 책을 통해 당신이 원하는 것들에 대한 정보와 많은 힌트를 만날 것이다.

특히, 당신의 삶에 불필요한 사건들이 반복해서 일어나고 있다면 내면의 그림을 잘 활용해 보길 바란다. 당신에게 무한한 영감을 제공할 것이다.

...

세우기에 대해 글을 쓰는 것은 어렵다. 보이지 않는 영역을 인식할 수 있도록 해야 하는 작업이기 때문이다. 그래서 글의 방향이나 수위 조절을 위해 초고를 마치자마자 일차 독자평가를 받았다. 본 장에서는 독자 평가 내용을 바탕으로 당신의 이해를 돕고자 한다. 평가는 조직세우기를 경험한 부류와 경험하지 않은 부류의 평가가 다른 모습을 보였다.

- 초고를 읽고 가장 의미 있다고 생각하는 것이 무엇이냐는 질문에 대하여

조직체를 별개의 생명체로 인식하는 것과 내면의 그림을 통해 시스템 사고를 훈련 할 수 있다는 내용이 가장 많았고, 조직 내 갈등의 조짐이 보일 때 내면에서 올바른 관계를 정립한다면 예방도 가능하지 않냐는 질문이 눈에 띄었다.

- 의미 전달에 설득력이 있냐는 질문에 대하여

　조직세우기 교육을 받았던 분들은 이해가 된다는 반면 조직세우기 경험이 없는 분들의 경우는 부연설명을 요구했다. 이에 꼼꼼한 부연설명과 삽화를 넣어 전달력을 강화 시키려고 노력했다.

- 현실적으로 적용이 가능하냐는 질문에 대하여

　"본인은 너무 감명 깊은 교육의 기회였기에 현실감이 있었고, 기회가 닿는다면 한 번 더 접해 보고 싶었기에 아주 현실적이라 생각합니다." 교육에 참여해서 직접 상사와의 갈등을 세션session 받았던 조남형 선생님의 고백이다. 본인의 갈등관계를 직접 이슈issue화해서 체험했던 참여자는 현실적인 적용이 바로 일어나는 신기한 체험이었다고 말하는 반면 눈앞에서 일어나는 변화 과정을 현장에서 보면서도 의심스럽다는 관찰자도 있었다. 대리인들의 역동은 공명에 의해 일어나는 것이라고 설명했지만 짜고 하는 것 아니냐고 말하는 참여자도 있었다. 하지만 대리인이 교육에 처음 참여하는 동료직원이라는 것을 알기 때문에 자신의 의심에 대해 더 이상 반론을 제기할 명분이 없어 고개를 갸우뚱 거리며 신기해할 뿐이다. 교육 경험이 전혀 없이 초고만을 접한 분의 경우에는 세션session을 받으면 정말 그런 변화를 경험 할 수 있을까 하는 의심이 일어났다는 답변이 많아, 이런 의구심을 해소 시켜주기 위해 누구나 일상에서 겪을 만한 사건과 실험을 통한 연구 사례 및 과학자들의 이론을 덧붙였다.

체험만큼 효과적인 교육은 없다. 책을 통한 이해는 분명 한계가 있다. 그래서 독자의 이해를 돕기 위한 그림과 흰개미 우화로 표현한 재미있는 전개, 쉬운 콘텐츠contents로 구성하려고 노력했다. 또한, 현재 인간관계나 일 관계 에서 이슈issue가 있는 독자를 위해 내면의 그림을 점검할 수 있는 코너를 마련했다. 책을 읽고 온라인 카페에서 상담도 받는 단행본에서는 보기 힘든 애프터서비스도 마련했다.

독자의 공감을 얻기 위해 두 분의 독자평가지를 실었다. 조남형 선생님은 현직 공무원이고 교육에 5일간 참여했다. 의뢰인으로 직접 세션session을 체험했다. 박철용 선생님은 NLP 강사이며 2일간 참여했다. 의뢰인으로 직접 세션session을 받지는 않았다. 관찰자와 대리인의 경험만 있을 뿐이다. **과정에 참여해도 의뢰인의 체험, 대리인의 체험, 관찰자의 체험이 각각 다르다.** 그것은 자리가 다르기 때문이다.

의뢰인의 자리는 진지하다. 자신의 갈등을 직면할 수 있는 용기와 기꺼이 변화하고자 하는 적극적인 의지가 있어야한다. 기업에서 교육하게 되면 가끔 장난으로 의뢰 하겠다고 나서는 참여자가 있다. 이유는 대체로 두 가지다. 나의 능력을 테스트하기 위해서인 경우와 '나는 그림이 어떻게 나오는지 한번 보자' 는 자기 테스트인 경우다. 나는 성의 없는 태도로 참여해도 그 시도를 존중한다. 그리고 그런 태도에 변형을 일으킨다. 나는 실실 웃으면서 짓궂은 어린아이처럼 의뢰인 자리에 앉았던 그가 진지하게 자신의 삶을 돌이켜보고 인간관계에서 좀 더 겸손해지는 모습을 발견하곤 한다. 이러한 참여자의 긍정적인 변화는 나가 사명감을 가지고 일을 하는 동기다.

세우기에서 대리인은 신비한 체험을 한다. 의뢰인이 내면의 그림대로 대리인을 공간에 세우면 대리인은 의뢰인의 에너지 상태를 몸으로 느낀다. 의뢰인이 누군가에게 분노하고 있다면 대리인은 화가 치밀어서 씩씩거린다. 의뢰인이 세워준 자리가 불편하다면 대리인은 편안한 자리로 이동하고 싶은 욕구가 일어난다. 갈등이 풀어지고 화해와 용서로 하나 되는 체험을 통해 정확하게 관계 맺는 다는 것이 무엇인지를 몸으로 받아들이면서 관계에 대해 깊은 이해와 치유를 훈련한다. 완전 꿩 먹고 알 먹는 자리다.

관찰자는 이 모든 현상에 대해 거리를 두고 지켜보는 자리다. 세션session 전 후 의뢰인의 달라진 얼굴을 발견하기도 하고 대리인들의 전체적인 움직임뿐만 아니라 대리인 한 사람 한 사람의 변화 과정도 동시에 보기 때문에 관계성을 통찰할 수 있는 기회를 얻는다.

• • •

독자 평가를 실을 수 있도록 허락해주신 조남형 선생님과 박철용 선생님께 허리 숙여 감사드린다. 성의 있게 답변해 주신 독자평가단 여러분께 진심으로 감사드린다.

[조남형님의 독자평가]

1. 조직생활을 하면서 인간관계나 일 관계에서 어려움이 있을 때 도움을 받기 위해 교육이나 전문가의 도움을 받고 싶은 생각을 한 적이 있습니까? 있다면 언제 왜 그런 생각을 했으며, 어떤 욕구가 있었나요?

물론 있습니다. 계획서를 작성했는데 공무원의 특성상 반드시 계선에 따라 결재를 득해야 하거든요.

이때, 중간결재(협조)자의 의견대로 수정하여 위로 올라가다가 다시 (원위치 또는 중간자의 의견과 다르게)수정이 될 때가 있을 때엔, 화가 나지요. 내가 중간관리자라면 실무자와 충분히 대화로 나의 의견이 반영되도록 할 텐데…….

2. 만약 자신의 일이나 돈, 가족을 포함한 인간관계 등의 삶 속에서 일어나는 특정 주제에 대해 도움을 받는다면 가장 알고 싶은 것은 무엇인가요?

인간관계의 갈등관리에 대하여 기회가 닿는다면 접해 보고 싶습니다.

요즘 공무원조직은 지방자치에 따른 민선시대로 독자가 처음 공직에 입문했을 때와는 상상하기도 어려운 조직문화가 어느 사이엔가 시나브로 자리하고 말았거든요. 이들과 함께 하는 교육의 기회가 있었으면 하는데…….

3. 행복하게 사는데 가장 중요한 것은 무엇일까요? 조직생활 하는데 가장 중요한 것은 무엇일까요? 성공하기 위해서 가장 필요한 역량은 무엇이라고 생각하시는지요?

행복의 조건은 건강과 신뢰라고 생각하며 살아왔고, 살아가려 합니다.

조직생활에서의 가장 중요한 요소는 상호 인격존중과 신뢰라 생각하며 살고 있습니다.

정직과 신뢰라 생각했는데, 현 시대는 훌륭한 3연(혈연, 학연, 지연)이 무엇보다 중요한 것 같네요.

4. 이 책에서 말하는 내용 가운데 자신에게 가장 의미 있다고 생각하는 것이 무엇인지 적어주세요.

나 보다 못하다고 생각되면 설득하려 했는데 이제부터는 그대로를 인정 해야겠다고 느꼈습니다. 또한, 나름대로 다독가로서 내가 주장하는 새로운 내용에 대하여 반론을 제기하면 구체적 증거제시를 요구했는데 이제부터는 내가 알고 난 이후에 새로운 사실이 첨가되었을 수도 있다고 받아주고, 다시 확인 해 봐야겠다고 느꼈습니다.

5. 가능하면 아래 질문에 구체적인 내용을 적어 주세요.

1) 이 책의 의미나 가치는 무엇이라고 생각하시는지요?

복잡하고 어려운 현 사회를 살아가는 동안 수많은 갈등과 반목反目이 있습니다.

조직원간 함께할 수 있는 기회를 만들어 갈등치유에 도움이 되었으면 합니다.

말 못하는 갈등의 조기치유로 예상치 못할 사고예방도 가능할 거구요.

2) 의미 전달에 설득력이 있다고 생각하시는지요?

전에 교육을 받을 수 있는 기회를 얻어서인지 읽으면서 아주 쉽게 이해할 수 있었습니다. 누구나 관심을 갖고 두 번 정도만 읽어본다면 쉽게 이해할 수 있으리라 생각됩니다.

3) 전달과정이 수긍이 되시는지요?

예전 교육 받을 때를 상상하면서 원고를 읽으니까 현장감있게 아주 쉽게 이해가 되었습니다. 주위에서 갈등치유가 필요한 사람들에게 권하고 싶습니다.

4) 이야기 전개가 억지스럽지는 않았는지요?

아주 자연스러운 느낌이 들었습니다.

연극 시나리오를 읽는 느낌이었습니다.

5) 본질적 판단력을 키워주는지요?

원고를 읽는 동안은 나도 모르게 스스로 몰입하게 되었습니다.

6) 세상을 새롭게 보는 기회를 제공 했는지요?

원고를 읽는 동안은 솔직히 세상을 초월한 성인처럼 살고 싶다고
느꼈습니다.

7) 지식 정보가 있다고 생각하시는지요?

평소 접하기 쉽지 않은 정보이지요.

물론 접해 보지 않은 사람은 솔직히 최면술 같다고 할 수 있겠지요.

8) 이야기 전개에 일관성이 있는지요?

연극 시나리오처럼 아주 자연스러운 전개 였습니다.

9) 논리적인지요?

경험이 있어서인지 쉽게 이해할 수 있었고, 논리적이라 생각됩니다.

10) 상식적인 차원에서도 이해가 된다고 생각되는지요?

책으로만 처음 접해 보는 사람은 다소 이해하는데 힘들 것 같습
니다. 하지만, 관심을 갖고 읽는다면 쉽게 소화할 수 있으리라 생
각됩니다.

11) 현실적인지요?

예전에 교육 받을 때에도 수강생 중에 있었던 이야기 인데, 조금
은 이상적이고 자기 최면술이라고 이야기하던 동료들이 생각납니
다. 하지만, 본인은 너무 감명 깊은 교육의 기회였기에 부정적이라
기 보다는 현실감이 있었고, 기회가 닿는다면 한 번 더 접해 보고

싶었기에 아주 현실적이라 생각합니다.

12) 신뢰가 드는지요?

아주 신뢰감 있었습니다.

교육 후 주위에 많은 얘기도 했구요…….

6. 이 책에서 말하는 내용 가운데 개선해야하거나 가슴에 와 닿지 않은 것이 무엇인지 적어주세요.

부정적인 점을 발견하지 못하고 있습니다.

자주 꺼내 읽어보고 싶습니다.

7. 이 책을 읽고 난 전체적인 소감이나 느낌을 들려주세요.
(저자나 편집부에 전달하고 싶은 소견을 자유롭게 말해주세요.)

처음 접하는 사람들이 흥미를 갖고 대할 수 있도록 사례의 경우 대리인에 대한 그림을 사람으로 그려 인쇄하면 좋을 듯 합니다. 서점에서도 책을 선택하면서 가볍게 넘겨보다가도 쉽게 관심을 가질 수 있도록……. 세션session에 대한 경험 후 효과에 대하여 보다 더 구체적이고 자세한 설명을 기술하였으면 하구요…….

〈조남형 공무원 nh8cho@korea.kr〉

[박철용님의 독자평가]

1. 조직생활을 하면서 인간관계나 일 관계에서 어려움이 있을 때 도움을 받기 위해 교육이나 전문가의 도움을 받고 싶은 생각을 한 적이 있습니까? 있다면 언제 왜 그런 생각을 했으며, 어떤 욕구가 있었나요?

특별히 그런 생각을 한 적은 없었지만 조직세우기 강의를 듣고 정말 그럴까하는 호기심이 생겼습니다.

2. 만약 자신의 일이나 돈, 가족을 포함한 인간관계 등의 삶 속에서 일어나는 특정 주제에 대해 도움을 받는다면 가장 알고 싶은 것은 무엇인가요?

어떻게 하면 물질적 풍요를 누릴 수 있을까하는 관심이 있습니다.

3. 행복하게 사는데 가장 중요한 것은 무엇일까요? 조직생활 하는데 가장 중요한 것은 무엇일까요? 성공하기 위해서 가장 필요한 역량은 무엇이라고 생각하시는지요?

조직 자체의 질서를 존중하는 것이 필요하다는 생각을 하게 되었습니다.

4. 이 책에서 말하는 내용 가운데 자신에게 가장 의미 있다고 생

가하는 것이 무엇인지 적어주세요.

조직의 질서가 유지 되지 않으면 일에서 여러 가지 문제가 생긴 다는 부분이 의미가 있었습니다.

5. 가능하면 아래 질문에 구체적인 내용을 적어 주세요.

1) 이 책의 의미나 가치는 무엇이라고 생각하시는지요?
일을 하는데 있어서 그 조직 또는 일의 관점을 잘 보고 있는 지를 보여주고 있는 것이 의미가 있다고 생각합니다.

2) 의미 전달에 설득력이 있다고 생각하시는지요?
흰개미의 사례가 재미있었습니다. 더 힘이 있는 사람이 왜 오른 쪽에 있어야하는 지 설명이 있었으면 좋겠습니다.

3) 전달과정이 수긍이 되시는지요?
대역을 하는 사람이 왜 자신도 모르게 그러한 행동을 하게 되는 지 이유가 있었으면 좋겠습니다.

4) 이야기 전개가 억지스럽지는 않았는지요?
2), 3)의 설명만 추가 된다면 훨씬 자연스러울 것 같습니다.

5) 본질적 판단력을 키워주는지요?
부수적인 이유보다 본질이 더 중요하다는 생각이 들게 합니다.

6) 세상을 새롭게 보는 기회를 제공 했는지요?

조직과 일에 보이지 않는 질서가 있고 그러한 것이 대역으로 그 에너지가 전달된다고 하는 것이 신기합니다.

7) 지식 정보가 있다고 생각하시는지요?

새로운 세계를 접한 느낌이 있습니다.

8) 이야기 전개에 일관성이 있는지요?

충분히 일관성이 있습니다.

9) 논리적인지요?

지금 상태로도 논리적이지만 2), 3)의 답에 대한 설명만 조금 보충이 된다면 훨씬 논리적일 것이라고 생각합니다.

10) 상식적인 차원에서도 이해가 된다고 생각되는지요?

대역이 그러한 행동을 하는 것이 조금 이해하기 어렵습니다.

11) 현실적인지요?

9)에 이야기 한 부분이 잘 설명이 된다면 현실적이라고 생각합니다.

12) 신뢰가 드는지요?

가족세우기에서 체험한 후에 저는 신뢰합니다.

6. 이 책에서 말하는 내용 가운데 개선해야하거나 가슴에 와 닿지 않은 것이 무엇인지 적어주세요.

흰개미의 사례가 재미있고 이해하기 쉬웠습니다.

7. 이 책을 읽고 난 전체적인 소감이나 느낌을 들려주세요.
(저자나 편집부에 전달하고 싶은 소견을 자유롭게 말해주세요.)

흰개미의 사례로 재미있게 잘 쓰셨습니다. 잘 판매되어 대박날 것 같은 느낌이 듭니다.

〈박철용 NLP 강사 pcy6626@hanmail.net〉

이 책의 구성

나는 세우기가 당신이 맺고 있는 관계에서 자유로워질 수 있는 도구로 활용되길 간절히 바란다. 세우기를 활용하고 적용하여 관계 때문에 당신이 하고자 하는 것을 포기 하는 일이 없도록 하기위해 이 책을 워크숍북workshop-book 형식으로 꾸몄다.

이 책은 조직세우기를 이해하고 적용해서 갈등 관계와 일 관계에 써먹을 수 있도록 구성했다. 부록은 당신의 내면세계를 좀 더 풍요롭게 도울 수 있도록 내가 상담했던 조직세우기 사례와 세우기를 창시한 버트 헬링거 선생님의 가족세우기의 글을 발췌해서 담았다. 또한, 책을 읽고 의구심이 일어나거나 세우기를 체험하고 싶은 당신을 위한 안내가 마지막에 자세히 나와 있으니 도움 받길 바란다.

Chapter I 의 조직세우기를 이해하는 파트에서는 흰개미 우화로 1장을 열었다. 조직세우기에 대한 사전 지식 없이 바로 이야기로 전개한 것은 당신에게 의심과 질문을 불러일으키기 위함이다. 질문은 내면의 문을 여는 열쇠와 같다. 당신이 질문이 없다면 앞으로 나아가길 포기한 것이다. 당신에게 쉬어야할 시간이 아니라면 질문을 하라. 가능하면 '어떻게'로 질문하라. '왜'라는 질문은 미궁으로 빠지는 지름길이다. 당신 삶에 일어나는 현상의 원인은 너무 많은 이유들로 오버랩overlap 되어 있다. 답을 찾았다 하지만 그것 역시 또 다른 사건을 만드는 원료일 뿐이다. 인간의 삶을 이해하려면 인간의 사고 체계를 넘어선 다른 인식의 차원에서나 가능하다. 그러니까 '어떻게'로 질문하라. 질문만 있으면 처음부터 너무 심각해질까 우려되어서 당신이 쉽고 재미있게 읽을 수 있도록 그림을 넣어 흰개미 조직을 통해 조직 내 갈등과 해결을 그렸다.

2장에서는 세우기가 무엇인지, 왜 세우기를 해야 하는지, 어떤 원리로 세우기가 진행되는지에 대한 내용들로 꾸며졌다. 특히, 세우기를 하면 당신에게 어떤 이득이 있는지를 알 수 있다. 자리에 대한 개념을 이해하는 것만으로도 당신은 현재 겪고 있는 관계를 이해하는데 도움을 받을 것이다.

Chapter II 의 조직세우기 적용에서는 당신 내면의 그림을 이해하는 시간이다. 내면의 그림이란 당신이 소속된 조직에 대한 인상을 말한다. 당신 조직은 '행동이 빨라야 살아남는다.'고 생각한다면 이것은 당신이 가지고 있는 조직에 대한 내면의 그림이다. 이런 내면의 그림은 조직 내 인간관계나 행동, 선택에 결정적인 영향을 미친다. 만약 당신에게 불편한 일들이 반복해서 일어난다면 내면의 그림을 교정할 필요가 있다. 교정하는데 인식해야할 체크포인트를 활용하여 자기 상담을 해 볼 수 있도록 했다.

이 책은 관계의 심오한 내면세계를 보여주기 때문에 당신이 평소 읽던 책 보다 어렵게 느껴질 수 있다. 그래서 Chapter III 에 부록을 준비했다. 조직세우기 사례는 워크숍workshop에서 실제로 세션 session 했던 상담 사례를 읽기 편하게 정리해서 올렸다. 버트 헬링거 선생님의 가족세우기는 모든 사람이 인식해야할 이슈issue들로 몇 가지 뽑아서 올렸다. 삶에 대해 깊은 명상의 시간이 될 것이다.

마지막 독자 코너에는 책뿐만 아니라 온라인과 워크숍workshop 참여 등을 통해 다차원적으로 서비스를 받을 수 있는 방법을 제시했다.

나는 수많은 독자를 일대일로 만나는 기분으로 이 책을 썼다. 그러므로 이 책은 소중한 당신을 위해 쓰였다는 것을 알아주기 바란다. 책을 읽을 때는 행간의 숨은 뜻이나 단어가 주는 메시지를 동시에 읽을 때 책의 깊이가 살아나 듯, 나는 이 책이 당신께 관계에 대한 다층적인 측면을 동시에 보는 계기로 제공되길 바란다.

1. 흰개미 조직체
2. 당신의 일과 인간관계,
   조직세우기면 성공한다.

┃조직세우기 이해

조직체에서 일어나는 사건은 결과물입니다.

이 이야기는
사건을 불러들이는 내면의 그림에 대한 인식입니다.

우리 내면세계에는 사건을 품고 있는 의식의 공간이 있습니다.
의식의 공간에 숨어있는 질서만 알아차려도
누가 잘못 했는가가 아니라,
무엇이 잘 못 되었는가,
현재 겪는 사건이 우리를 어디로
이끄는지가 보입니다.

1. 흰 개미 조직체

흰 개미 조직체는

암컷이 지배하는 개미사회와는 달리 암수가 함께 하는 협력사회입니다.

역할이 뚜렷한 조직체이며, 방어를 맡고 있는 병정개미, 부지런한 일개미등이 있습니다.

하루에 3만 마리씩 새끼를 낳는 여왕은 왕과 함께 군락의 제일 중심부에서 삽니다.

흰개미의 먹이는 섬유소 입니다. 섬유소를 소화시키기 위해서는 미생물과 균류가 절대 필요합니다.

대부분 회고 부드러운 피부를 가지고 있고, 빛을 싫어해서 나무 둥지, 굴속 같은 어두운 곳에 삽니다.

흰개미들은 유충 때부터 일합니다. 개미굴은 땅속 깊이까지 뻗어 있으며, 지하통로인 회랑과 일꾼들이 먹이를 모으고 있는 주변지역으로 통하는 땅 위 터널들을 그물망처럼 갖추고 있습니다.

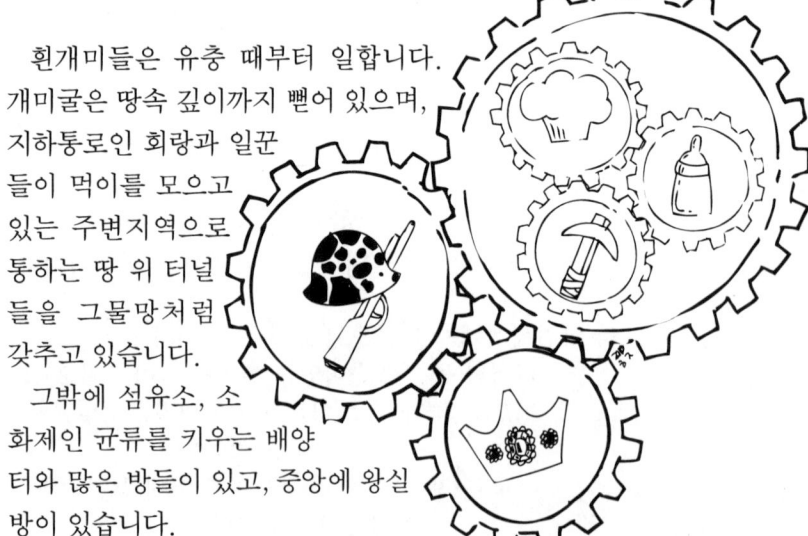

그밖에 섬유소, 소화제인 균류를 키우는 배양터와 많은 방들이 있고, 중앙에 왕실방이 있습니다.

흰개미 조직체는
여왕과 왕의 결혼으로 시작합니다.

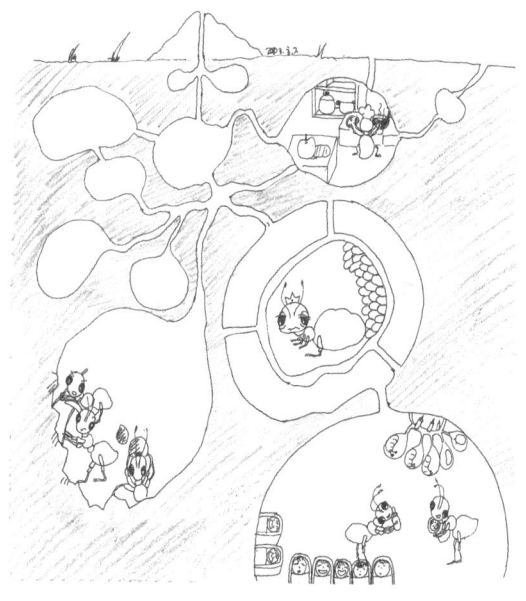

여왕은 하루에 3만 마리의 새끼를
낳습니다.
새끼들은 자라서 사회의 구성원이
됩니다.

이야기의 주인공들인 일개미 조직을 소개 합니다.

건설부
우리부서에서는
터널을 뚫고,
회랑을 확보하고
길을 닦으며 집을 짓고,
수리를 합니다.

보육부
우리 부서에서는 하루에
3만 마리씩 태어나는
형제들을 돌보고 키웁니다.

식량부
우리 부서에서는
위험한 땅 위까지
올라가 맛있는 섬유질을
확보하고 잘 보관하여
우리 부족이 배불리
먹을 수 있도록 합니다.

오늘은 부서 회의 있는 날!

건설부장 얼굴이 굳어 있군요.

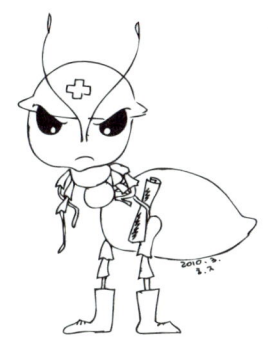

건설부장은 곤욕스럽습니다.!

보육부

여왕은 하루에 3만마리씩
새끼를 낳고 있습니다.
우리 보육부에서는 한방에
5마리씩 수용해야하는
규정보다 두 배가 넘는
12마리씩 키우고 있습니다.
더구나 요즘들어 독감이 유행
하면서 유아 사망률이
전년대비 30% 급상승한 탓에
원로회의 때 그냥 지나갈 것
같지 않습니다.
방이 넉넉하다면 독감환자를
격리시켜 따로 돌볼 수 있는데
현재 격리해서
돌볼 방조차도 없습니다.
건설부에서 대안을 마련해
주셔야겠습니다.

식량부

우리 식량부 일개미들이
아무리 좋은 섬유소를
가져와도 저장할 창고가 없어
썩어가고 있습니다.
먹이를 운반하는 회랑 건설도
턱없이 부족합니다.
먹이를 빨리 운반 하려면
거미줄 같은 회랑 건설이
꼭 필요 합니다.
건설부에서는
어떻게 하실 겁니까!

건설부를 소개 합니다.

건설부서는 3팀이 있습니다.
땅파기 팀에서는 흙을 파서 회랑과 방을 만들 공간을 마련합니다. 수많은 광부 일개미들이 파낸 흙은 흙돌팀에서 가져다 흙돌을 만들고, 공간에는 집짓기 팀에서 주거 공간과 식량을 저장할 창고와 흰개미들이 섬유질을 소화하는데 필요한 배양터를 짓습니다.
흙돌팀은 땅파기 팀에서 파낸 흙에 배설물과 침을 섞어 흙돌을 만들어 말립니다.
그러면 집짓기팀에서 마른 흙 돌을 쌓아 방을 만듭니다.

땅파기 팀

우리는 땅을 파고 길을 닦습니다.

집짓기 팀

우리는 흙돌 팀에서 만든
흙돌을 쌓아 집을 짓습니다.

흙돌 팀

우리는 땅파기 팀에서 파낸
흙으로 흙돌을 만듭니다.

건설부장은 난처합니다.

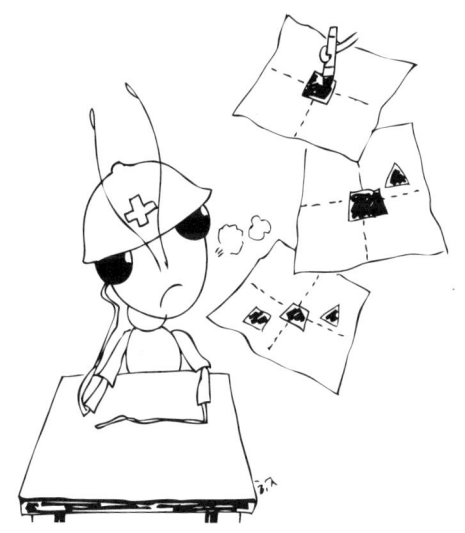

부장회의에서 수세에 몰렸던 건설부장이 부서 내 팀장들과 긴급 회의를 합니다.

인간 악동들의 오줌홍수 여파가 우리 부족 생존에 치명적인 영향을 미치고 있습니다. 미리 보내드린 회의 안건을 보신 분은 아시겠지만 부서장들은 지금 우리 부족이 겪고 있는 여러 가지 문제의 해결을 우리부서가 해결 할 수 있다고 생각하는 것 같습니다.

아시겠지만 오줌홍수로 땅속 환경이 오염되어 치명적인 독감이 돌고 있습니다. 현재 독감으로 사망한 개미들 수가 하루에 2배씩 늘고 있다고 합니다. 특히 신생아를 돌보고 있는 보육부에서는 독감으로 인한 영아 사망률이 작년 대비 30% 올라서 큰 걱정을 하고 있습니다. 악동들의 오줌으로 침수된 방들이 많아 현재 독감에 걸린 유아들을 격리 수용할 곳이 없어 한 방에 규정보다 2배 이상 되는 아이들을 함께 돌보는 바람에 독감 전염이 아주 빠른 속도로 돌고 있는 실정 입니다.

식량부 역시 오줌홍수로 창고가 무너져 식량을 보관할 창고가 부족해 고민 중 입니다. 식량부의 일개미들은 어렵게 운반해온 섬유소를 썩히고 있다며 더 많은 창고를 요구 하고 있습니다.

어떻게 해야 지금보다 방과 회랑을 더 빨리 지을 수 있을까요? 각 팀 별로 대안을 제시하시기 바랍니다.

집짓기팀

저희팀은 현재 집지을 흙돌 재고량이 바닥났습니다. 방을 더 빨리 짓고 싶어도 흙돌도 없고 땅파기 팀에서 방을 만들 공간을 확보해 주어야 하는데 사실 공간도 없는 상태입니다. 흙돌과 공간만 주어지면 저희는 더 속도를 낼 수 있습니다

땅파기 팀

뭐야! 다 우리팀 탓 이란거야! 우리 팀은 오줌홍수로 인한 붕괴사고로 10만 마리의 광부일개미가 사망 했습니다. 언론에서 대책 없이 떠들어 대는 바람에 우리일이 갑자기 3D업종이 되어 지원하는 젊은 흰개미가 없습니다. 더구나 노조에서는 생명수당을 50% 더 올려 달라는 건의가 들어와서 재원마련에 고민이 많습니다. 만약에 파업이라도 한다면 문제는 일파만파 될 것이 불 보듯 뻔합니다.

그리고 부장님! 다른 부서의 문제는 그 부서에서 해결할 일 이지 왜 무슨 일이 있을 때마다 물귀신처럼 우리부서를 물고 들어가는 겁니까? 부장님이 아무 말도 못하시니까 우리부서를 물로 보는 것 아닙니까? 한 두 번도 아니고 왜 우리부서만 가지고 그러시는 겁니까?

흙돌 팀

저희가 흙돌을 못 만들고 있는 것은 흙돌을 만들 재료 공급이 원활하지 못해서입니다. 땅파기 팀에서 흙을 충분히 대 준다면 더 많은 흙돌을 만들 수 있습니다.

1) 내면의 그림으로 보는 조직세우기

 팀장들의 태도에 실망한 건설부장은 자신을 낳아 기른 아버지이면서 흰개미 부족의 영적 지도자인 왕에게 도움을 청합니다. 현명한 통치자이며 영혼의 안내자인 왕은 위기를 기회로 만드는 지혜 덕분에 솔로몬이라는 별명으로 불립니다.

아들아!
어서 오너라.
우리 부족에게 큰 일이 생겨 건설부에서
수고가 많구나!
그래, 하는 일은 어떠냐?

 건설부장 _ 5명으로 추정되는 인간악동들이 우리 흰개미 굴 출입구에 구덩이를 파서 오줌을 싸는 바람에 홍수가 발생했습니다. 광부 일개미 10만 마리가 오줌에 빠져 죽거나 떠내려갔으며, 악동들이 유리병으로 납치해간 흰개미만 천 마리 정도 추정 됩니다. 그 일이 있은 후 안전에 대한 염려 때문에 3D 업종으로 인식되어 땅파기팀에 지원하는 광부일개미가 없습니다. 땅파기 팀장은 생명수당을 50% 올려주지 않으면 충원이 어렵다고 하는데, 생명수당 재원 마련이 시급합니다.

 또 보육부에서는 독감이 돌아 영아사망율이 30% 높아진 것이 환자를 격리할 방이 없기 때문이라고 판단하고 있고, 식량부에서는 먹이를 보관창고가 없어 식량이 썩어간다며 식량보관 문제를 전적으로 건설부에 떠넘기고 있습니다.

게다가 부하직원까지 저를 무시합니다.

현명하신 아버지시여! 제게 지혜의 눈을 열어 주시옵소서.

왕 _ 그런 상황에서는 누구나 건설부장과 같은 감정을 느낄 수 있지. 하지만 그 감정은 상황을 바꿀 수 있는 힘이 없어 보이는구나. 아들아! 혹시, 그 문제를 혼자서 해결해야 만 한다는 중압감에 시달리는 것은 아니냐?

건설부장 _ 예, 맞습니다. 모든 부서장들이 자기 부서의 문제가 건설부 때문에 생겼다고 우기는 바람에 우리 부서가 모든 문제를 다 해결해야 될 것 같은 중압감이 있습니다.

왕 _ 혼자서 해결하겠다는 것은 오만이다. **오만이란, 할 수 없는 일을 하려는 것, 할 수있는데도 불구하고 하지않는 것 모두를 일컫는다.** 건설부는 건설부에서 해야 할 일을 하고 다른 부서 일에 대해서는 물러서는 태도가 상대 부서를 존중하는 태도다. 다른 부서의 일까지 대신 고민할 필요는 없다. 그들도 자기부서 문제를 스스로 해결할 수 있다는 것을 존중 하거라.

건설부장 _ 그들은 제게 모든 문제를 떠 넘겼습니다.

왕 _ 떠넘긴다고 다 받을 필요는 없다. 건설부서에서는 건설부에서 해야 할 일만 받으면 된다. 때로는 'no'가 진짜 'yes'인 경우가 있다. 식별하는 눈이 네 안에서 기능하면 좋겠구나.

건설부장 _ 황송하옵게도 전 그들에게 시시비비 따지는 것을 못하겠습니다. 저는 늘 '내가 손해 보고 말지' 하며 참아 왔습니다.

왕 _ 착하지 않아도 된다. 손해 보면서 살 필요도 없고, 참을 필요도 없다. 단지 **관계를 정확하게 맺고 살도록 하여라.** 네가 손해보고 상대방이 이득 보는 내면의 그림으로 관계를 맺게 되면 그를 상대할 때 마다 건설부장의 정신은 피해의식으로 간다. 건설부장이 내면에서 피해자 의식으로 관계하게 되면 상대방은 건설부장의 눈에 가해자로 보인다. 겉으로는 건설부장과 식량부장이 관계하는 것처럼 보이지만 보이지 않는 내면세계에서는 피해자와 가해자로 관계하기 때문에 식량부장과 관계할 때마다 피해자들이 느끼는 억울하고 분한 감정에 휩싸이게 된다. 이 부차적인 감정은 관계를 왜곡시키기 때문에 상황을 바꿀 힘이 없다.

건설부장 _ 저는 관계 속에서 지금 같은 감정을 느낄 때가 자주 있습니다. 제가 어떻게 하면 좋겠습니까?

왕 _ 이 사건을 통해 배워야 할 것이 있다면 '권위'에 대한 올바른 인식이 있어야 한다는 것이다. **권위는 자리의 힘이 그 자리의 주인을 통해서 흐르는 생명력이다.** 건설부장 자리의 힘이 너를 통해 흐르는 것 같으냐?

건설부장 _ 저는 관계 속에서 무시당하는 느낌 때문에 힘듭니다. 권위는커녕 주눅 들어 외부의 반응에 촉각을 세우고 살고 있습니다.

왕 _ **전체를 볼 수 있도록** 인식의 범주를 넓혀 보도록 하자. 전체와 전체에 속한 개체를 동시에 보는 눈이 가능할 때 비로소 건설부장이라는 자리의 힘을 그 자리의 주인으로서 쓸 수 있다. 건설부장이라는 자리와 관계 맺고 있는 다른 자리의 역동을 보도록 하여라. 그래야 네가 속한 조직체의 생존을 위해서 건설부장 자리에서 요구되는 일, 그 자리에서 해야 할 일, 할 수 있는 일을 알 수 있다. **자리의 관계성을 보는 눈이 있어야 보이지 않는 자리의 힘을 쓸 수 있다는 말이다. 그래서 권위 있는 자는 자리 값을 한다.**

건설부장 _ 너무 어렵습니다. 쉽게 말씀해 주세요.

왕 _ 우리 흰개미 부족은 자연계의 한 부분으로 존재한다. 자연계에는 우리부족에게 재앙을 입힌 인간도 살고, 우리에게 먹이를 제공하는 나무도 살고, 보금자리를 제공하는 땅도 있다. 현재는 생태계가 많이 파괴되어 흰개미뿐만 아니라 인간들도 걱정을 많이 한다. 이렇게 오염된 환경이 흰개미 부족에게 주어진 조건이다. 이 조건은 우리 흰개미 혼자서 노력한다고 해서 금방 바뀔 수 있는 성질의 것이 아니다.

단지, 우리 흰개미 부족은 주어진 조건을 받아들여 자원으로 활용해서 생존하고 성장하는 것이다.

이처럼, 우리 흰개미부족이 자연계에서 작은 부분이라는 것을 볼 수 있어야 한다. 작은 부분이라고 해서 하찮거나 무시해도 된다는 것이 아니다. 각자 주어진 자리에서 해야 할 역할이 있기 때문에 개체는 전체 생명의 일부로서 존중되어져야 전체와 전체에 속한 개체 모두가 생존하는 것이다.

존재하는 모든 것은 각자의 자리를 차지하고 그 자리에서 존재한다. 전체에 속한 부분으로 존재한다. 우리 흰개미 부족이라는 조직체가 생존하기 위한 장치들로 병정개미 조직체와 일개미 조직체가 있고 일개미 조직체 안에 대표적인 조직체로 식량부, 보육부, 건설부등이 있다.

건설부장은 지금 고민이 많아서 나에게 온 것 같은데, 건설부서의 생존차원에서 당면한 문제를 해결하기 위한 고민인지, 아니면 식량부장이나 보육부장이 한 말을 고민하는 것인지를 식별해 보도록 해라.

건설부장 _ 제가 식량부장과 보육부장이 한 말을 건설부장의 자리에서 듣지 않았던 것 같습니다. 제 정신은 건설부장 자리에 있지 않았습니다. 아버지 말씀을 들으면서 정신이 차려집니다. 아까 느껴졌던 감정이 사라지고 없습니다.

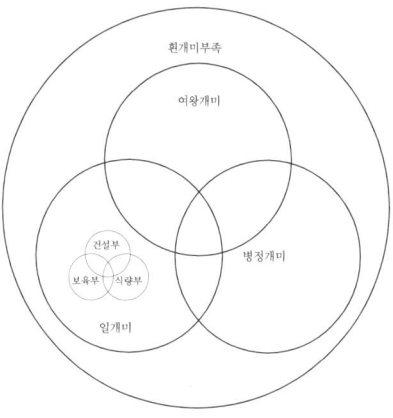

왕 _ 건설부는 지금 어려운 일을 해결해야 한다. 전체를 보아라. 건설부는 혼자가 아니다. 건설부는 일개미 조직체에 속해 있고, 더 크게는 흰개미 부족에 속해 있다. 건설부가 속해 있는 더 큰 범주의 조직체를 자원으로 활용하도록 해라. **개체의 성장은 언제나 개체가 속한 조직체에서 시작하는 것이다.** 건설부가 성장하기 위해 어떤 자원을 활용할 생각이냐?

건설부장 _ 이제야 알겠습니다. 식량부나 보육부는 건설부에게 짐을 떠 넘기는 조직이 아니라는 것을요. 저는 그들을 자원으로 활용하고 싶습니다. 그렇게 하려면 식량부장에게 부탁을 해야 하는데 식량부장은 제가 무슨 말을 하면 윽박지르기부터 해서 말 꺼내기가 겁이 납니다.

왕 _ 그럼, 식량부장에 대한 내면의 그림이 어떤지 보도록 하자. 여기 종이와 연필이 있다. 종이를 가로로 한번 접고 세로로 한번 접으면 십자모양의 선이 보이지. 가운데 교차 하는 곳에 건설부장을 표시해라. 수컷은 네모, 암컷은 동그라미로 표시해라. 너는 수컷이니깐 네모로 표시하면 되겠구나. 그러고 나서 관계된 대상들을 차례대로 선위에 그려 넣어라. 내면에서 어떤 관계를 맺고 있는지 보기 위한 간단한 방법이다.

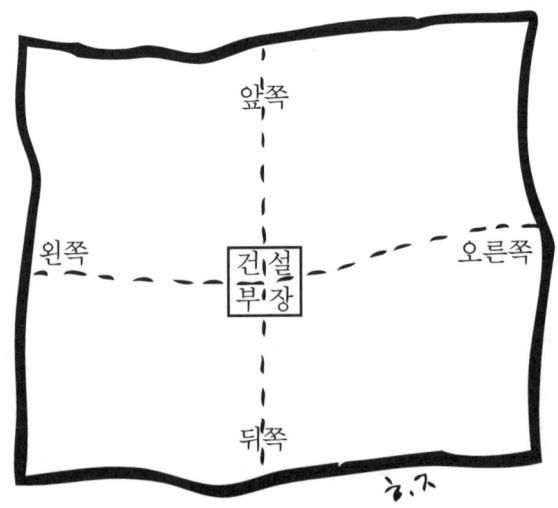

건설부장 _ 왼쪽에 있는 것 같습니다.

왕 _ 식량 부장이 네 후배더냐?

건설부장 _ 아니옵니다. 선배이옵니다.

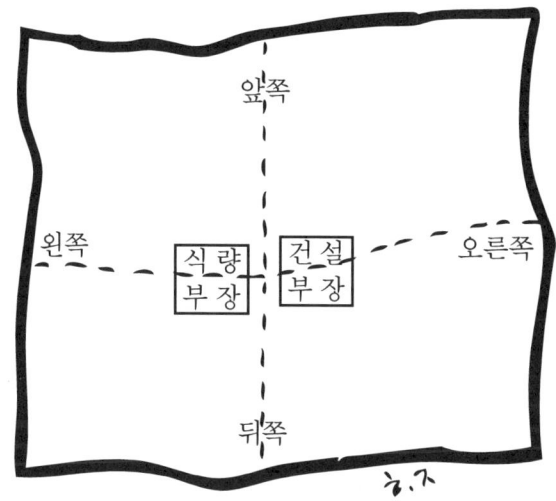

왕 _ 살아있는 조직체는 생명의 질서가 있느니라. 장유유서란 말을 들어 보았을 게다. 가족 조직체는 태어난 순서에 따라 서열이 있고, 기업 조직은 조직체 생존을 위한 서열이 있다. 서열에서 고려해야 할 점이 있다면,

첫 번째가 **기능에 따른 서열이다.** 조직체 생존에서 기능적으로 우선하는 자리에 있을 때 서열상 우위를 차지한다. 하지만 이것은 세워봐야 알 수 있다.

두 번째는 **조직 가담 순서인데,** 식량부장이 건설부장 보다 선배인 것을 보니, 입사가 빠른 모양이구나. 이럴 때는 식량부장이 건설부장보다 우위에 있다.

세 번째는 **연장자 순이다.**

우위에 있다고 해서 다른 사람들에게 명령을 할 수 있는 권리가 있다는 뜻은 아니다. 단지 그가 그 자리의 주인이기에 또는 더 오래 조직체에 머물렀기 때문에 그것을 존중한다는 뜻이다. 내면에서의 서열은 실제 조직체에 아주 중요한 영향을 미친다. 이제부터 조직세우기 세션session으로 내면의 그림을 변형하는 작업을 하겠다. 건설부장이 현재 갈등하는 문제에 관계된 구성원을 포함한 모든 것이 편안해 질 때까지 자리를 찾는 과정을 체험할 것이다.

내면에서 우선하는 자리는 오른쪽 자리다. 반대로 왼쪽은 아랫자리다. 식량부장이 선배인데도 불구하고 건설부장의 내면에서 왼쪽에 있다는 것은 우리 부족의 생존에 기능적으로 건설부가 식량부보다 더 중요한 위치에 있기 때문일 수도 있고 아니면 그와 갈등관계를 암시하는 것일 수 도 있다.

건설부장 _ 식량부장은 평소에 절 무시합니다. 가끔 회의 때 제가 프리젠테이션 한 내용을 가지고 신랄하게 비판하면서 공격하기도 합니다. 비판하는 내용도 전혀 논리적이지 않아 설득력이 없습니다. 식량부장같이 단순하고 무식한 성향은 제가 상대하기 제일

어려운 유형입니다.

왕 _ 그럼 이제부터 조직을 세워 보도록 하자. (병정개미에게) 조직세우기를 할 것이니 대리인을 서줄 교육팀들을 들라 하라. 교육팀이 올 동안 도움 받고 싶은 것을 말하여 보아라.

건설부장 _ 제가 원하는 것은 첫 번째, 식량부의 협조를 얻어서 생명수당을 충당할 자금을 확보 하는 것입니다. 두 번째 생명수당에 관한 내용을 광부노조와 타결하는 것입니다. 그래서 부족한 광부들을 채용할 수 있도록 독려하고 광부들에게 열심히 일 할 수 있도록 동기를 부여 하고 싶습니다.

추가로 말씀 드리면, 현재 건설부의 땅파기 팀에 필요한 광부 일개미 10만 마리를 채용해야 합니다. 요즘 젊은 일개미들은 목표나 이상이 없고, 안전하고 편한 일만 하려 합니다. 더구나 생명수당을 50% 인상이 이슈issue화 되면서 일을 잘 하고 있던 광부들까지 동요하는 분위기입니다. 파업이라도 하게 되면 큰일 입니다. 일이 더 커지기 전에 잘 해결하고 싶습니다.

사실, 땅파기 팀의 광부들은 다른 일개미 보다 훨씬 위험한 일을 하면서도 보상이 미흡했던 것은 사실입니다. **이런 부분도 형평에 맞게 조절해야 되는 측면이라고 생각합니다.**

왕 _ 그래, 상황이 이런데 누가 너를 도울 수 있겠느냐?

건설부장 _제가 알아보니 식량부에서는 인간 악동의 오줌홍수와 독감으로 인해 개미수가 줄어든 바람에 식량이 남아 돕니다. 보관할 창고가 없어서 썩는다고는 하지만 제가 분석한 결과 소비가 줄어서 식량이 남아도는 것으로 밝혀졌습니다. 현재 창고에 있는 식량만으로도 우리 부족이 3년은 거뜬히 배불리 먹을 수 있습니다. 남아도는 아까운 식량을 썩혀 버리니 식량난에 허덕이는 옆 동네 까만개미 부족에게 재고물량을 팔아서 재원을 확보하는 것은 어떤는지요?

왕 _ 식량부에 그런 말을 해 보았느냐?

건설부장 _식량부장에게 데이터를 만들어 보여주며 말을 했습니다만, 한 번에 거절당했습니다. 제 말을 무시하며 제가 만든 데이터조차도 보지 않으려고 하더군요. 민망해서 더 이상 말을 못했습니다.

왕 _ 수고 많이 했구나! 식량부장은 왜 건설부장의 말을 들으려고 하지 않았을까?

건설부장 _잘 모르겠습니다.

왕 _ 너의 어떤 태도가 식량부장의 마음을 움직이게 할 것 같으냐?

건설부장 _식량부장이 저를 무시한다고 했지만 저도 그를 무시하기는 마찬가지입니다. 제게 그를 존경하는 태도가 필요합니다. 그렇지만 그것이 어렵습니다. 어떻게 해야 무시하는 상대를 존경할 수 있는지요?

왕 _ 지금 말한 이슈issue와 관련해서 관계된 모든 이들을 그려 보아라. 식량부장 외에도 누가 관계되어 있느냐?

건설부장 _ 광부들을 관리하는 땅파기팀장이 있습니다. 제 오른쪽에 있습니다.

왕 _ 그럼 오른쪽에 그려 보거라. 왼쪽에 식량부장이 있고 오른쪽에 땅파기 팀장이 있으면 이들과 소통이 잘 돼서 일이 잘 되겠느냐? 상상해 보거라. 그 자리에서 힘을 받고 있는지, 편안한지를 몸소 느껴 보거라.

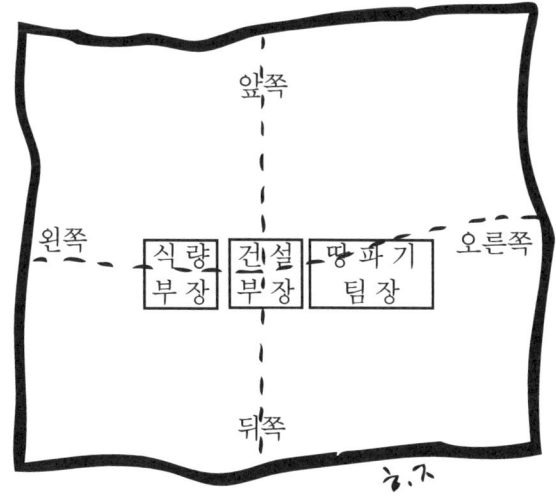

건설부장 _잘 모르겠습니다.

왕 _ 그럼, 공간에 그림대로 대리인들을 직접 세워 보거라.

(대리인들이 내면의 그림대로 자리에 선다.) 건설부장 대리인이 가운데 서고 건설부장 대리인을 중심으로 오른쪽에 땅파기 팀장, 왼쪽에 식량부장 대리인이 선다. 땅파기팀장 대리인이 서 있는 자리가 불편하다며 이동한다.

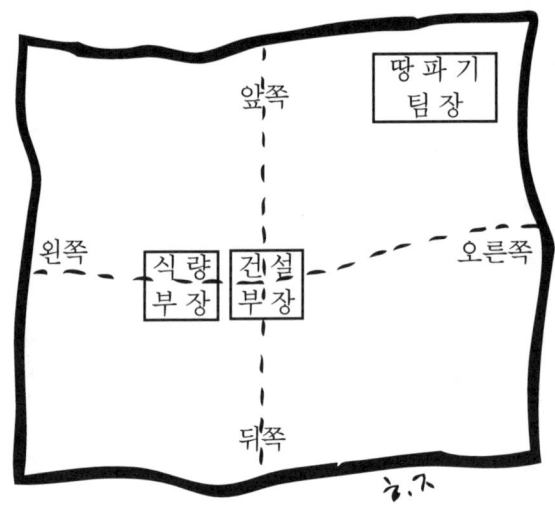

왕 _ (땅파기 팀장 대리인에게) 그 곳이 편한가?

땅파기팀장 대리인 _예, 건설부장님의 오른쪽 자리는 불편해서 숨이 막힙니다. 제가 있을 자리가 아닌 듯합니다. 그 자리에서 나오니까 훨씬 편합니다. 하지만 여기가 제 자리 같지는 않습니다. 힘이 흐르지 않습니다.

왕 _ (삐딱하게 짝 다리 집고 서 있는 식량부장 대리인에게) 그 자리도 불편해 보이는 구나. 네가 서고 싶은 곳을 찾아 서 보거라.

식량부장이 건설부장의 오른쪽으로 이동한다. 식량부장이 바른 자세로 서니 건설부장 대리인도 얼굴에 미소를 짓는다. 땅파기 팀장이 슬그머니 건설부장의 왼쪽으로 온다. 세 대리인이 긴 숨을 동시에 내 쉰다.

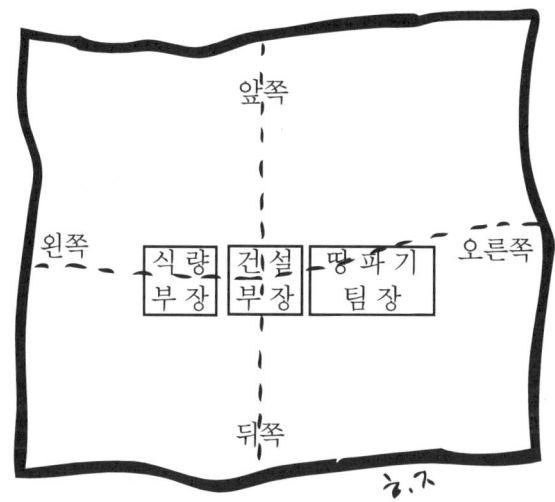

건설부장 _뭐가 뭔지 모르겠습니다. 설명이 필요합니다.

왕 _ 알다시피 짐은 여왕과 하루에 3만 마리의 새끼를 낳아서 기른다. 그래서 거대한 부족으로 키울 수 있었던 것이다. 그 힘이 어디서 온다고 생각하느냐? 만약 3만 마리 새끼들이 형제간에 질서를 지키지 않는다면 우리 부족이 어떻게 지금까지 생존할 수 있었겠느냐? 호시탐탐 기름진 우리 땅을 노리고 있는 까만 개미에게 만 번도 더 당했을 것이다.

왕 _ 식량부장의 자리와 건설부장의 자리 관계에서, 부족의 생존에 기능적으로 누가 더 우위에 있느냐?

건설부장 _아무래도 먹을 것을 담당하는 자리가 더 우위에 있는 것 같습니다.

왕 _ 건설부장은 식량부장이 조직체에서 우선하는 자리의 주인이라는 것이 존중 되느냐?

건설부장 _인정은 하지만, 존중은 안 됩니다. 저는 대학을 나왔고, 식량부장은 고등학교만 나왔습니다. 그리고 먼저 입사해서 식량부장이 되었지만 나이도 저보다 어립니다. 일하는 것도 헛 점 투성이라서 문제가 많습니다.

왕 _ 식량부장에 대한 건설부장의 내면 태도가 식량부장과 일하는데 어떤 역할을 할 것 같으냐?

건설부장 _방해가 됩니다.

왕 _ 사실을 현재에 동의하면 다르게 관계할 수 있느니라. 식량부장의 자리가 건설부장의 자리보다 우리 부족이 생존하는데 더 우위에 있다. 식량부장은 그 자리의 주인이다. 식량부장은 건설부장보다 입사 선배고, 나이는 아래다. 이것이 사실이다.

건설부장 _네, 사실입니다.

왕 _ 사실에 토 달지 않고 사실 그 대로에 '예' 하는 것이 존중이다. 내면에서 존중이 돼야 태도가 바뀐다. 내면에서 태도가 바뀌지 않으면 다르게 관계 맺을 수 없다. 식량부장을 볼 때는 그의 자리를 함께보는 훈련을 하거라.

(왕은 건설부장을 데리고 식량부장 대리인에게 간다.)

왕 _ 식량부장 대리인과 눈을 마주 보거라. (잠시 침묵) 사실을 말하라. "조직체에서 당신은 저보다 우선하는 자리에 있습니다. 당신은 저의 입사 선배입니다. 생명수당 재원 확보를 위해 당신의 도움이 절실히 필요합니다. 제가 이 일을 잘 처리 할 수 있도록 도와 주세요."

(건설부장이 식량부장 대리인의 눈을 보고 말을 따라 한다. 건설부장 대리인이 빠지고 건설부장을 직접 식량부장 대리인의 왼쪽 자리에 세운다. 건설부장의 얼굴이 부드럽게 이완된다.)

왕 _ 기분이 어떤가?

건설부장 _편안하고 좋습니다. 땅파기팀장이 저의 왼편에 있고, 식량부장님 저의 오른편에 서니 제가 충만한 기분입니다. 소속감도 느껴지고 몸에 힘이 생깁니다. 땅파기 팀장은 알아서 잘 할 것 같은 신뢰감이 있고, 식량부장에게서 많은 지원을 받을 것 같은 느낌이 듭니다. 어떤 태도로 관계를 맺어야 할지 알았습니다. 그 동안 제가 식량부장을 우습게 봤습니다. 식량부장이 왜 제 말을 안들었는지 이해 할 것 같습니다.

제가 생명수당 재원 마련과 광부 신규 채용을 위해 테스크포스* 팀을 만들어야 하는데 이럴 경우는 어떤 기준을 가지고 있어야 하는지요?

왕 _ 프로젝트를 위해 각 부서에서 각출되었다가 프로젝트가 끝나면 각자 부서로 돌아가는 테스크포스 같은 조직에서의 서열은 프로젝트 성과를 위해 가장 기능적으로 중요한 자리에 있는 사람이 우위에 있다. 그리고 나이가 어리더라도 먼저 입사한 사람이 두 번째 우위에 있으며 그 다음 조건이 같다면 연장자 순으로 서열을 서야 한다. 테스크포스 팀의 경우 각자 부서에서의 업무가 있으면서 동시에 테스크포스 팀 업무가 부가적으로 주어지기 때문에 책임을 서로 떠미는 갈등이 있을 수 있다. 자기 자리가 분명하게 되면 업무 분담 역시 조화를 찾을 수 있을 것이다. 물론 맡은 업무의 부담에 비례해서 적절한 보상이 주어져야 하는 것은 당연하다.

건설부장 _예, 알겠습니다. 제가 직접 조직세우기 세션session에 참여했을 때 식량부장 대리인이 저의 왼쪽에 서있을 때는 제가 부풀어진 기분이 들었는데 오른쪽으로 와서 서니까 공기가 빠지면서 작아지는 느낌이 들었습니다. 그러자 제 오른쪽의 식량부장 대리

---

* 어떤 특정한 과업을 해결하기 위하여 소수의 인재를 여러부분에서 발탁하여 조직하는 임시적인 동태조직이다. 이것은 군대용어에서 유래한 것이다.

인이 한숨을 쉬는데 저도 따라서 깊은 숨이 쉬어졌습니다. 숨소리에 저도 모르게 식량부장 대리인의 얼굴을 보았는데 아까와는 전혀 다르게 친근감이 느껴졌고 서로 통하는 느낌이 들었습니다. 게다가 저는 다리에 힘이 생기는 신기한 경험을 했습니다. 억울하고 분한 감정은 사라지고 알 수 없는 힘이 느껴집니다. 어떻게 자리에 따라 느낌이 이렇게 다를 수 있는지 신기할 따름입니다.

왕 _ 동시에 한 숨을 쉬는 경험은 조직세우기 세션session에서 흔한 일이다. 공명이 일어난 것이다. 공명이 돼야 생명으로 소통된다. 공명은 생각이 소통 될 때 일어나는 현상이다. 생각은 파동이다. 같은 종끼리는 공유하는 생각의 진동수가 같다. 흰개미 부족은 흰개미 부족끼리 공유하는 생각이 있고, 까만 개미 부족은 까만 개미끼리 공유하는 생각이 있다. 인간들도 마찬가지다. 인간들끼리도 공유하는 생각이 있다. 까만 개미들은 완전변태를 하지만 우리 흰개미들은 불완전변태를 한다. 그래서 우리 흰개미는 까만 개미와 달리 태어나자마자 바로 일을 하지 않더냐. 종에 따라 존재하는 방식이 하나의 모형으로 세대를 넘어서 유전되는 것이다. 이것을 **생명장**, 또는 **형태장**이라고 한다.

지금 건설부장이 경험한 조직세우기 세션session은 의식의 형태장이라고 한다. 대리인은 의뢰인의 이슈issue에 대해 열린 마음으로 내어 맡기면 의뢰인의 내면의 그림과 대리인들이 같은 진동장을 형성한다. 이렇게 형태장이 일어나면 의뢰인의 내면의 그림이 바뀌는 것에 따라 대리인들이 움직이는데 이때 일어나는 현상을 관찰함으로써 사건이 우리에게 주는 메시지를 통찰함으로써 인식을 넓히는 체험을 한다.

2) 조직세우기 3원칙

조직에 대한 내면의 그림 인식

워크숍에 참여한 철수씨는 자신이 소속된 조직에 대해 "우리 조직은 발등에 불이 떨어져야 움직이는 조직이야!" 라고 말한다. 옆에 있던 영희씨는 "우리 조직은 공룡이야, 거대해서 변화가 어려워!" 라고 말한다.

이 말을 통해 철수씨와 영희씨 내면에 조직에 대한 그림이 어떠한지를 엿 볼 수 있다. 철수씨와 영희씨의 조직이 실제로 어떠한지는 알 수 없다. 중요한 것은 철수씨가 자신이 속한 조직이 '발등에 불 떨어져야 움직이는 조직'이라고 인식한다는 것이다.

조직구성원들의 조직에 대한 그림이 어떠하냐에 따라 조직 내에서 활동이 달라진다. '발등에 불 떨어져야 움직인다.'는 조직에 대한 상을 가진 철수씨가 과연 업무를 바로바로 처리 할지 생각해 볼 일이다. 조직이 거대해서 변화가 어렵다는 조직에 대한 그림을 가진 영희씨가 회사에서 혁신을 외칠 때 얼마나 동조할지 궁금하다.

조직세우기 생명의질서 3원칙		
서열원칙	첫 번째	기능에 따른 서열
	두 번째	조직체 가담 순서에 따른 서열
	세 번째	나이 순서에 따른 서열
소속원칙	조직체에 과거에 존재했던 모든 것과 현재 존재하는 모든 것은 제외됨 없이 소속될 권리가 있다.	
조절원칙	조직 생명체는 동시에 주고받으면서 확장하려는 속성이 있다. 이때 주고받음의 조절이 필요하다.	

조직에 대한 그림뿐만 아니라 조직 구성원끼리도 좋든, 싫든 관계에 대한 그림이 있다. 조직 구성원 내면에서 서열이 깨져 있거나, 다른 구성원을 제외시킨다거나, 혹은 주고받음의 균형이 깨져 한쪽으로 치우쳐 있다면 이는 조직 내 갈등관계를 만드는 모태가 된다.

조직세우기는 조직 구성원 내면의 그림을 통해 그들이 인식하는 조직에 대한 그림을 긍정적으로 교정하고 조직 내 구성원간의 갈등관계의 원인을 이해하여 **평범한 구성원들이 비범한 조직체를 만들도록 부정성을 재활용하는 알아차림의 과정이다.**

조직체는 개체의 합이 아닌 또 다른 생명체다.	
 개체  조직체	나폴레옹선집에 기병에 관한 내용이 있다. 맘루크 병사(가장 뛰어난 기병) 2명이 프랑스 병사 3명을 대적할 수 있다. 왜냐하면 그들에게는 좋은 말과 무기가 있을 뿐만 아니라 말 타기에도 능하기 때문이다. 그러나 프랑스 병사 100명은 맘루크 병사 100명을 두려워하지 않는다. 프랑스 병사 천명은 맘루크 병사 천오백 명을 능히 이길 수 있다. 맘루크 병사 개개인의 전투능력은 분명히 프랑스 병사보다 뛰어나지만 이들은 하나로 합쳐 전쟁터에 나가면 그들의 장점이 제대로 발휘되지 않기 때문이다. 나폴레옹은 전쟁에서 전술과 군사대형, 기동성이 더 중요하다고 말했다. 실제로 군대의 전술과 군사대형, 기동성에 따라 군대의 전력이 달라진다. 이는 개체인 병사들에게는 기대할 수 없는 것이다.

조직체는 조직에 속해 있는 개체의 상호작용에 의한 별개의 생명체다. 자신이 원하는 직장을 잡기위한 내면의 태도는 어떤 것인가! 에 대한 이슈issue를 가지고 워크숍에 참여한 의뢰인이 있었다. 그는 취업이 어려운줄 알면서도 다니던 직장을 그만 두었다고 했다. 의뢰인은 학력이 석사출신인데도 불구하고 고졸 정도의 지식만 있어도 할 수 있는 일을 하는 것에 회의를 느꼈다고 했다. 게다가 회사에 비전도 없고 회사가 금방 망할 것 같아 그만두었다고 했다. 내가 물었다. 그 회사가 죽었습니까? 아뇨, 퇴사한지 2년이 가까워 오는데 아직도 살아있습니다. 가끔 이런 환상을 하는 의뢰인도 만난다. "이 회사는 내가 그만두면 문 닫을 일만 남았어!"

조직체가 몸이라면 당신은 몸을 구성하는 세포다. 몸의 일부분이 상처라도 나서 역할을 못하게 되면 그 자리가 재생될 동안 다른 세포들이 그 일을 나누어 대신한다. 그렇다고 해서 몸이 죽는 것은 아니다. 조직체도 마찬가지다. 조직체는 조직체를 구성하는 개체들의 유기적인 결합체로서 개체와 다른 생명력을 가진다. 당신이 조직체에 속해 있는 한 구성원으로서 조직체를 당신 경력의 자원으로 활용하려면 조직체를 별개의 생명체로 보는 눈이 기능하면 용이하다. 당신이 조직체와 어떻게 관계하고 있으며, 조직체가 성장하는데 개체로서 어떤 역할을 하고 있는지, 또 조직체 성장과 개체인 당신의 성장이 함께 하고 있는지를 당신 내면의 그림을 통해 알아차릴 수 있다.

(1) 서열원칙

서열에 맞는 자리에 있는가?

첫 번째 기능에 따른 서열

오른쪽은 우선하는 자리다. 반대로 왼쪽은 아랫자리다. 우선하는 자리에 있다고 해서 아랫자리의 사람에게 명령하거나 어떤 권리가 있다는 것은 아니다. 단지 조직체 생존에 더 많이 봉사 한 것에 대한 존중일 뿐이다.

조직에서 상사의 자리는 당신의 오른쪽이다. 만약 당신 내면의 그림에서 상사가 왼쪽에 있다면 당신이 상사에게서 지지와 격려를 받고 있는지, 당신이 상사를 존경하는지 감정이나 몸의 감각을 체크해 보기 바란다. 만약 불편한 느낌이 있다면 사실을 인식하고 받아들이는 태도를 훈련할 필요가 있다.

조직에서 부하직원이나 후배의 자리는 당신의 왼쪽공간이다. 만약 당신 내면의 그림에서 아랫사람이 우위에 있다면 관계가 편안한지 느껴보시기 바란다. 만약 후배가 우위에 있다면 상사가 어디에 있는가 체크해 보기 바란다. 내면에서 서열이 전체적으로 깨져 있다면 먼저 전체와 부분을 모두 인식하는 훈련이 필요하다. 전체에 속해 있는 개체들과 개체끼리의 관계를 보고, 당신도 여러 개체 중의 한 사람인 것을 보기 바란다. 전체 속에 개체로 있으면 조금 겸손해지는 것을 경험한다. 왜냐하면 당신이 생각하는 것 보다 당신의 자리가 전체에 속한 일부분 이라는 것을 발견하기 때문이다.

하지만 당신의 자리는 조직에서 없어서는 안 되는 소중한 자리임에 틀림없다.

부서간 서열에서 사장은 언제나 가장 첫 번째 자리를 차지한다. 하지만 처음에 어느 부서가 기능적으로 가장 중요한지 알 수가 없다. 부서를 대신하는 대리인들의 자리를 바꾸어봄으로써 기능에 따라서 편안함을 느낄 수 있는 자리를 찾아야 한다. 조직체가 생존하는데 있어 기능적으로 우위에 있는 자리가 첫 번째다. 이를테면 돈을 담당하는 자리는 기능적으로 우위에 있다. 사업자금에 문제가 생기면 조직 생존에 직접적인 영향을 미치기 때문이다.

두 번째 조직체 가담 순서에 따른 자리
기능적으로 같은 일을 한다면 조직에 먼저 들어온 사람이 나이가 어려도 우위에 있다.

만약 당신이 인사이동으로 다른 지역의 조직체 관리자로 임명 받아 간다면, 내면에서 당신의 자리는 가장 왼편이다. 즉, 가장 아랫자리라는 뜻이다. 그렇다고 해서 관리자로서 할 일을 하지 말라는 뜻은 아니다. 관리자로서 의사결정하고 결재하는 일은 하지만 내면의 태도는 아랫자리에 있어야 한다는 뜻이다.

가장 아랫자리에서 그 조직에 존재하는 것을 존중하는 태도로 관찰해야 한다. 조직 구성원들이 공유하는 것들을 뜯어 고치려는 의도 없이 존중하고 지켜봐야 한다. 이를테면 보고서 쓰는 방식이라든가, 조직의 관행, 그들의 조직문화를 존중해야 한다. 그러면 조직 구성원들은 당신이 신임 관리자임을 환영하기에 당신의 자리로 올라갈 수 있도록 내면에서 길을 열어 준다. 이렇게 구성원들이 열어주는 길을 통해 수장의 자리에 오를 때 리더십을 발휘 할 수 있다. 이 기간을 보통 백일 잡는다. 왜냐하면 의식은 과거의 패턴이 흘러가고 새로운 것을 들어오는데 100일 걸리기 때문입니다. 백일 안에 조직이 수장의 가슴 안으로 들어오지 못하면 그 조직에서 리더십을 발휘하기는 어렵다. 왜냐하면 리더십은 팔로우follow가 없으면 의미가 없기 때문이다.

나는 기업에서 조직세우기 워크숍을 할 때는 기존 조직에 신임 관리자로 들어갈 때의 태도에 대한 세션session을 한다. 세션session 전에 강의를 충분히 하고 세션session을 하는데도 불구하고 실제로 자리에 서 보라고 하면 대부분의 사람들이 아랫자리로 가지 않고 바로 윗자리로 간다. 그제서야 겸손한 태도를 가진다는 것이 얼마나 어려운지 알아차린다. 내가 신임 관리자를 아랫자리에 세우고 기다리고 있으면 처음에는 조직 구성원들이 아무런 행동을 하지 않는다. 시간이 조금 흐르면 대부분 차석에 있는 사람이 손을 가만히 두지 못하고 안절부절 하는 모습을 쉽게 볼 수 있다. 차석은 자신의 오른쪽 자리를 내어주며 신임 관리자에게 눈짓을 한다. 신임관리자가 조직의 가장 오른편에 서면 모든 구성원들은 편안해 한다. 이 체험은 자리의 힘이 어떠한지를 체득할 수 있는 기회를 제공한다.

세 번째 연장자 순서에 따른 자리
같은 조건에서 나이가 많은 사람이 우위에 있다.

(2) 소속의 원칙

제외 되지 않고 모두가 존중 받고 있는가?

조직체에 존재했던 모든 것과 현재 존재하는 모든 것은 조직체에 소속될 권리가 있다. 모든 것에는 사람뿐만 아니라 조직문화나 관행 등이 포함된다. 설사 조직생존에 악영향을 끼쳤던 사람이나 부정적인 관행일지라도 내면에서 존재한 그대로 존중되어져야 한다. 그래야 그 사건이 조직을 어디로 이끄는지, 누가 잘못했는지가 아니라, 무엇이 잘 못되었는지를 인식할 수 있는 눈이 키워진다. 시스템을 보는 인식의 눈은 전체에 소속된 모든 것이 어떻게 영향을 주고받으며 역동하는지를 통찰하게 한다.

소속의 권리에서 우리가 인식해야 할 측면은 모든 것이 제외되지 않고 있는 그대로 존중 받을 때 우리는 내면에서 소속감을 느낀다. 내면에서 이거는 좋은 것, 이거는 나쁜 것, 이거는 맞고, 이거는 틀리고 하는 흑백논리의 이분법적 사고로는 극히 일부하고만 관계하게 된다.

비정규직 파업 사태로 사회적으로 이슈issue를 불러 일으켰던 E 기업을 기억할 것이다. 사건이 종결되면서 파업을 주도 했던 지도부는 복귀하지 못했고, 노조원 중심으로 정규직이 된 것으로 알고 있다. 이런 경우 조직양심에서 파업을 주도하다가 해고된 지도부를 내면에서 제외할 수 있다. 하지만 조직세우기를 해 보면 이들의 행동이 긍정적이든 부정적이든 회사에 미친 영향에 대해 있는 그대로 존중하는 내면의 태도가 훨씬 조직 전체에 좋은 결과를 가져온다는 것을 체험한다.

갈등 사건의 주인공뿐만 아니라 조직체를 키우는데 헌신했던 돌아가신 창업주라든가 퇴사한 초창기 멤버들, 성공한 제품에 묻혀 빛도 보지 못한 제품 등도 제외됨 없이 존재했던 그대로 내면에서 존중될 때 조직 전체에 생명력이 충만하다.

(3) 조절의 원칙

동시에 주고받는 조절의 욕구가 충족되었는가.

관계 중에서 가장 대등하게 주고받는 관계가 어떤 관계 일까? 남녀의 성관계다. 여성은 남성에게 없는 것을 가지고 있고, 남성은 여성에게 없는 것을 가지고 있다. 남녀의 성관계는 동시에 서로 없는 것을 받고 있는 것을 준다.

철수와 순이는 서로 사랑한다. 철수는 순이를 너무 사랑해서 현금 100만원을 선물했다. 철수가 순이에게 선물하자 철수는 순이와의 관계에서 심리적으로 우월한 위치를 차지한다. 그러자 순이는 받았기에 철수에게 뭔가 줘야 할 것 같은 의무감을 느낀다. 순이는 혼자 사는 철수에게 맛있는 반찬을 선물함으로써 조절하려고 시도한다. 순이도 철수를 너무 사랑하기에, 철수에게 받은 것 보다 조금 더 많이 준다. 철수가 반찬 뚜껑을 열자마자 150만원짜리 수표를 발견한다. 철수가 더 많이 받았으니 순이에게 주어야 하는 의무감을 느낀다. 철수는 순이에게 더 큰 사랑으로 마음속 깊이 연결되며, 점점 행복해진다. 이런 좋은 조절은 좋은 남녀관계의 초석이 된다.

반대도 있다. 복수의 욕구를 가진 커플도 있다. 이것도 조절의 욕구다. 이 경우는 상처를 주고받는다. 주고받는 상처가 커지면 불행과 깊게 연결되어 헤어지지도 못하면서 평생 싸우면서 산다.

이런 악순환으로부터 벗어 날수 있는 간단한 방법이 있다. 철수와 순이처럼 사랑으로 더 많이 주는 것과 같이, 사랑으로 상처를 조금만 주는 것이다. 받은 상처의 3분의 1만큼 주는 걸로 조절하는 것 이다. 그럼 새롭게 관계를 맺을 수 있다.

조직 내에서 경험할 수 있는 조절 중에는 '상사에게 깨지고 부하에게 화풀이' 하는 주고받음도 있다. '종로에서 뺨맞고 한강에서 눈 흘긴다'는 속담을 조직 내 인간관계 버전으로 바꾼 말인데, 기업 강의 때 수강생들의 공감을 많이 받는다.

조직 문화가 이 같은 조절로 만연하다면, 아마도 회사보고 입사했다 상사보고 퇴사하는 사람들이 많을 것이다. 만약 당신 기업에서 이직 율이 높아 고민이라면 조직 세우기 3원칙에 관심을 가져보기 바란다.

3) 패턴을 넘어선 새로운 관계 맺기

건설부장은 일을 추진하기 전에 내면의 그림부터 점검했다. 종이에 이 일을 해결하기 위해 관계된 자리를 그리기 시작했다.

첫 번째로 자신을 중앙에 그렸다. 자신을 중심에 그리고 한참을 들여다봤다. 두 번째로 그린 자리는 생명수당 재원에 필요한 자금을 만드는데 칼자루를 쥐고 있는 식량부장이었다. 식량부장의 자리를 자신의 오른쪽에 그리면서 만감이 교차하는지 건설부장의 얼굴이 약간 굳어지더니 이내 부드러운 미소를 짓는다. 아직도 식량부장 생각하면 긴장부터 되는가 보다. 세 번째로 그린 자리가 이 일을 처리할 테스크포스팀의 팀장을 맡게 될 건설부의 땅파기팀장자리였다. 이렇게 그리고 나니 아무 생각이 나지 않았다. 건설부장은 내면의 그림 체크리스트를 꺼내 미처 인식하지 못하는 자리가 있는지 점검했다.

"과거에 존재했던 그대로, 현재 존재하는 그대로 흰 개미를 포함한 모든 것이 내면에서 자리하고 있습니까? 그 자리가 존중받고 있습니까?"

문득, 오줌홍수로 희생당한 광부들이 떠 올랐다. 그러자 죽은 남편의 시신 앞에서 목놓아 울던 부인들이떠올랐다. 하루아침에 아빠를 잃은 자녀들도 떠올랐다. 생각지 못한 존재들이 떠올랐는지 건설부장은 당황하는 눈치였다. 이 많은 존재들을 이 종이에 어떻게 그려야 하나 잠시 망설이면서 여기에도 그렸다가 저기에도 그렸다 한다. 우리 부족 재앙의 원천이었던 오줌쟁이들이 생각났다. '이들도 존중해야 하나 하는 생각'이 올라오자 뭔가 편치 않은지 모두 지우고 생각에 빠졌다.

궁리하던 건설부장은 자신의 가슴에 이들이 제외되어 있다는 것을 알아차렸다. 건설부장은 어떻게 해서든 신규채용을 해서 오줌테러사건 이전의 상태로 되돌리려고만 생각했던 자신을 발견했다. 신규채용을 한다 해도 10만이 넘는 사상자를 낸 사건이 없어질 수 없는데, 골치 아픈 사실을 하루빨리 덮고자 하는 마음뿐이라는 것을 알아차린 건설부장은 자신이 '이것밖에 안되는 존재'란 말인가 하고 스스로 실망하는 눈치다. 그러면서 허탈하게 '가슴에 공간이 없는데 어찌 내면의 그림을 그릴 수 있을까' 하는 한탄서린 말을 혼자서했다.

건설부장은 눈을 감고 상상하기 시작했다. 이름을 알고 있는 죽은 광부들부터 떠올렸다. 눈을 마주보고 통할 때까지 기다렸다. 건설부장은 침묵 속에서 한 개미씩 소통했다. 어느 순간 기분이 숙연해지면서 저절로 머리가 숙여졌다. 한편으로는 그들의 희생 덕분에 우리들이 편히 지내고 있다는 생각이 올라왔다. 그리고 저절로 말이 나왔다. "고맙습니다." 한 개미씩 반복하니, 몸과 마음이 가벼워졌다. 건설부장은 작업을 마치자 가슴이 충만하면서 힘이 솟는 듯 한 기분이 들었다. 제외된 자가 가슴으로 들어오면 충만한 힘으로 변형된다는 것을 경험한 건설부장은 평소에 미워서 제외시켰던 직원들을 떠올려 보았다.

그런데 이상하게도 미운 감정이 느껴지지 않는 것이 아닌가! 건설부장은 제외되었던 10만의 광부들과 그의 가족이 가슴으로 들어오면서 속이 넓어진 것이 아닐까 하는 생각을 했다. 건설부장의 별명은 '밴댕이속'이었다. 자신도 인정하는 별명이지만 이제는 별명이 바뀔 날이 곧 오겠구나 하는 기분 좋은 그림이 그려졌다. 죽은 광부들과 유가족은 왼쪽에서 조금 떨어져 큰 원으로 표시했다. 큰 원 안에 오줌쟁이들도 함께 그렸다. 죽음과 관계된 인연이 생명을 낳아준 어머니 보다 더 가깝다는 말이 생각 났기 때문이다. 아주 진하게 금방 그렸다. 그들이 그림의 한 면을 차지하고 있는 것이 보기에도 좋았다.

건설부장은 이렇게 그리고 나니 "개체를 포함한 조직전체가 한쪽으로 치우치지 않고 평형을 유지하고 있습니까?" 라는 질문에 자신감이 생겼다. 이젠 어느 자리가 빠졌는지 보였다. 먼저 건설부장에게 조직세우기 세션session을 해 주었던 아버지 왕을 뒤에 그렸다. 생명의 원천인 어머니 여왕도 뒤에 그렸다. 자신의 뒤에 부모인 왕과 여왕을 그리고 나서 식량을 사줄 까만개미도 식량부장의 오른 쪽에 고객으로 그렸다. 까만개미와 식량부장이 어떻게 타협을 할지 상상을 해 보았다. 식량부장의 두려움 없는 큰 목소리가 들리는 듯했다. 우리가 가지고 있는 식량이 얼마나 질이 좋은지를 설명하고 까만개미들이 이 식량을 사지 않으면 엄청난 손해를 볼 것이라는 태도에 까만개미가 식량을 사지 않으면 못 배기게 하는 그림이 저절로 그려졌다. 식량부장의 이런 배포는 건설부장이 가장 부러워하는 힘이다. 식량부장이 단순하고 무식한데다 사기꾼 기질까지 다분하다고 무시하던 그 능력이 자신을 돕는데 쓰일 줄 미처 생각을 못했다. 건설부장은 식량부장을 생각하면 기분이 좋아진다.

건설부장_여러분이 가지고 있는 자료는 3일전에 메일로 발송한 파일과 같은 내용 입니다. 자세한 내용 참고하시기 바랍니다. 간단하게 협의할 내용만 말씀 드리겠습니다. 건설부는 여러분들이 요구하는 사항들을 단독으로 처리할 수 있는 능력이 없습니다. 한계가 있습니다. 하지만 여러분들이 도와주시면 건설부에 원하는 것을 만족하실 수 있도록 최선을 다하겠습니다. 보육부에 필요한 방과 식량부에서 요구하는 창고를 지으려면 지난 인간 악동의 오줌 홍수에 대한 대비책과 땅파기 팀의 광부 채용에 관한 지원책이 수립이 되야 광부노조를 만나서 협의를 할 수 있습니다. 먼저 생명수

당 50% 인상요구에 대한 재원확보는 재고 식량을 식량난에 허덕이는 까만개미 부족에게 팔아서 확보 할 수 있는 방안이 있습니다. 팔수 있는 현재 재고 물량을 정확히 얼마나 되는지 조사를 해봐야 되겠지만 식량부 재고팀의 데이터에 의하면 생명수당은 물론 지난 오줌홍수로 재난을 당한 피해 흰개미들을 도울 수 있는 기금조성까지 가능한 걸로 나왔습니다. 또한 이 안건은 테스크포스팀으로 운영할 것이니 각 부서에서 인재 2명씩 각출 바랍니다. 기준은 여러분이 가지고 있는 자료에 있습니다. 하실 말씀 있으신 분은 발언하십시요. 하실 말씀 없으시면 이 안건에 대한 답변은 메일로 3일 내에 받고 취합된 내용은 여러분에게 전송해 드리겠습니다. 고맙습니다.

부장들의 답신을 받은 건설부장은 팀장들을 모아 놓고 전략 회의를 했다.

*건설부장_* 지난 부서장 회의 결과가 나왔습니다. 생명수당 재원 확보와 이번 참사로 장애를 입은 흰개미를 위한 먹이와 치료를 무상으로 제공받을 수 있는 기금이 곧 마련 될 것입니다. 이번 참사에 가장 큰 피해를 받은 우리부서가 나서서 다시는 이런 일이 일어나지 않도록 만반의 준비를 해야 합니다. 또다시 이런 사고가 생기지 않도록 병정개미와 3차례의 협의를 거쳐 안전사고 예방 교육 및 대책을 실행합니다. 일정이 발표되는대로 알려 드릴 테니 협조 부탁드리고, 생명 수당 부분은 테스크포스팀장을 맡고 있는 땅파기 팀장이 책임자로 추천했습니다. 이제부터 각 팀장은 분기별 목표와 실행 안을 3일 이내로 제출해 주시기 바랍니다

전체와 부분을 동시에 보는 인식의 눈 : 시스템사고

시스템 사고는 1930년대에 오스트레일리아 출신의 캐나다 생물학자 Ludwig von Bertalanffy에 의해서 제창된 개념이다. 주요 저작으로는 General Systems Theory: Foundations Development Applications 1968 가 있다

Ludwig von Bertalanffy의 일반 체계이론은 생물학과 제어 공학 분야에서 사용되어왔다. 일반 체계이론은 한 체계가 어떻게 그 부분들 간의 상호 의존성을 통해서 전체로서 기능하는지에 관해 설명을 하려고 한다. 그에 의해서 제시된 개념 중에는 체계라는 것이 있는데 그것은 "상호관계 속에 있는 요소들" 또는 "상호관계에 있는 요소들의 집합"으로 정의된다. 또한 하부체계는 그것의 독특함을 들어내는 (큰)체계 내에 (작은)체계로 본다. 즉 가족 전체를 하나의 체계로 본다면 부부 관계, 부모와 자녀관계, 형제간의 관계들은 하부체계로 볼 수 있다. 모든 체계는 특징이 있는데 그것은 열린체계 또는 닫힌 체계 둘 중에 하나에 속한다는 것이다. 이것이 의미하는 것은 체계의 개방성과 폐쇄성의 정도에 따라 변화의 범위가 달라진다는 것이다. 체계가 개방되면 될수록 변화는 더 많이 일어나고, 체계가 폐쇄되면 될수록 행동의 형태가 더 안정적이 되어 변화는 덜 일어난다는 것이다.

일반 체계이론의 공헌은 전체성과 개방성 등의 개념이다. 전체성은 한 개인이나 구성요소를 분리해서는 그 특징을 제대로 파악할 수 없고, 전체와의 관계 속에서 구성 부분을 보아야 한다는 것이다. 왜냐하면 전체는 부분들의 합보다 크기 때문이다. 시스템 사고의 기준은 부분에서 전체적 안목으로 전환하는 것이어야 하며, 반대로 전체를 설명하기 위해서 부분으로의 환원적 분석은 옳은 판단기준이 될 수 없다.

2. 당신의 일과 인간관계, 조직세우기면 성공한다.

모든 관계에 적용되는 세우기 기술

가족 집단과 조직 집단에 적용 되는 세우기 기술은 독일 출신의 세계적인 가족심리치료사인 버트 헬링거 Bert Hellinger에 의해 만들어졌다. 조직세우기는 가족세우기라는 심리치료모형에서 파생됐다. 돈세우기, 일세우기, 질병세우기등으로 확장된 세우기는 가족관계, 돈관계, 사업이나 일관계, 대인관계, 몸의 질병, 정신질환뿐만 아니라 성에 관한 다양한 경우까지 인간사에서 일어나는 사건을 거의 망라하여 통찰하게 한다.

Hellinger는 1925년 생으로 가톨릭 신부였으며, 남아프리카에서 신학교 교장으로 일했다. 그는 남아프리카에서 목사, 수녀, 신부, 영적 지도자, 부족의 족장등 종교를 초월한 모임에서 집단 상담을 익혔다. 독일로 돌아온 후 본격적으로 상담공부를 하였는데, Ruth Cohn의 게슈탈트치료 세미나에 참여하였고 빈에서 정신분석을 훈련받았다.

후에 교류분석가인 Fenita English의 게슈탈트세미나를 통해 Eric Berne의 교류분석을 알게 됐다. Bern은 유아기에 자신이 그린 인생계획인 인생각본이 인간의 삶을 방향 짓는다고 했다. 헬링거는 인간 자신의 인생각본 안에서 발생하는 것과 가족체계 안에서 발생하는 것들과의 연결성을 보았다. 이러한 연결성을 통해 "체계론적 다세대적 관점"이 나타나게 됐다.

이러한 맥락에서 헬링거는 그의 인생각본 분석을 체계와의 연관성 속에서 보았고 Ivan Boszormeny-Nagy의 책인 "불확실한 애착"에 나타나는 주고받음의 공평성의 개념을 더욱 확장했다. 헬링거는 가족조각을 가르쳐준 Ruth Mc-Clendon과 Leslie Kadis에 의해서 가족치료를 시작했다.

아울러 헬링거의 세우기는 여러 치료방법들을 통합했다. NLP(신경언어적 프로그래밍)에서 영향을 받아 문제에 집착하지 않고 해결중심에 관점을 가지게 됐다. 그의 기본적인 철학은 칸트의 인식론과 형상주의 철학과 구성주의 철학에 기초하고 있다. 칸트는 존재와 지식간의 차이를 설명하기 위하여 실체와 현상으로 구분하여 설명했다.

독일 가정의 1/3이 헬링거의 가족세우기를 경험했고, BMW 같은 유수한 기업들은 조직 활성화를 위해 조직세우기 교육을 하고 있다. 집단프로그램으로 이루어진 세우기는 가족조직과 기업조직에서 조직의 본질적인 질서 파괴가 얼마나 많은 사람들에게 정체성을 잃고 삶의 가치를 느끼지 못하게 하며 고통과 어려움에 노출되어 있는지를 보여준다. 한 연결성을 통해 "체계론적 다세대적 관점"이 나타나게 됐다.

무엇이 '세우기'인가?

　간음하다 현장에서 잡힌 여인에게 많은 군중들이 돌로 쳐 죽이려 하자 예수께서 '죄 없는 자만 이 여인을 돌로 쳐라.'고 말씀 하시니 군중들이 하나 둘 돌을 놓고 물러갔다는 성경 구절을 들어 본적이 있을 것이다. 나는 종교가 없지만 세우기를 이해하기 좋은 소재라서 소개한다. 세우기는 간음한 여인만 보지 않는다. 그 자리에는 없지만 그녀의 남편과 자녀, 그녀를 낳은 부모까지 함께 본다. 세우기는 그녀가 돌에 맞아 죽은 결과와 그 사건이 주는 영향력까지 현상적으로 보여주는 기술이다. 현상학에 대한 세우기 창시자 버트 헬링거Bert Hellinger는『삶의 얽힘과 풀림에 관한 Bert Hellinger와의 대화』에서 이렇게 말했다.

　현상학은 하나의 철학적인 방법입니다. 저에게 있어서 현상학은 보다 큰 내가 이해할 수 없는 상관관계에 나를 맡김을 말합니다. 도우려는 혹은 무엇을 증명하려는 의도 없이 나를 맡김을 말합니다. 나타나는 것에 대한 공포 없이 나를 맡깁니다. 세우기에서 저는 거기에 서있는 사람뿐만 아니라 서있지 않은 사람도 봅니다. 그들 모두는 내 앞에 있습니다. 그렇게 나를 맡기고 있으면 현상의 뒷면에 있는 통찰력이 번개같이 옵니다.

왜 '세우기' 인가?

세우기는 사건이나 현상을 이해해서 다른 것을 알아차리게 한다. 여기서 말하는 다른 것은 숨겨진 생명의 질서를 말한다. 생명은 보이지 않는 질서를 통해 우리에게 결정적인 영향을 미치며, 내적 성장으로 향하게 한다. 내적 성장 없이 어찌 성공을 말 할 수 있겠는가! 영혼이 숙성되지 않은 리더는 자리의 수명이 짧다. 세우기는 인간적인 이해단계를 넘어서서 인식의 세계로 우리를 안내한다. 당신은 세상살이에서 나쁜 것이 좋은 것 보다 더 잘 되는 것을 보고 한탄한 적이 있었는지 모르겠다. 그럼 나쁜 것을 이기는 것이 무엇이라고 생각하는가? 나쁜 것을 넘어서는 것은 좋은 것도 나쁜 것도 아닌 다른 차원의 것이다. 세우기는 인간이 정해 놓은 선악을 넘어 모두가 이기는 인식의 세계를 보여준다.

어떻게 '세우기'를 하는가?

세우기를 하려면 세션session을 진행하는 컨설턴트, 이슈issue를 의뢰하는 의뢰인, 대역을 서는 대리인이 필요하다. 당신이 의뢰인이라면 컨설턴트에게 고민하고 있는 사건을 말하면 된다. 당신이 인간관계에서 왕 따를 당한다든지, 상사에게 무시당하거나 부하직원이 말을 안 들어 골머리를 썩고 있다든지, 아니면 부모님이나 배우자와의 관계가 불편하다든지 등의 고민거리가 있다면 이 사건을 세 문장 이내로 말하면 된다. 당신은 구구절절이 사연을 말할 필요는 없다. 당신은 사건에 관계된 사람을 참여자 중에서 선택하여 공간에 세운다. 컨설턴트는 당신이 공간에 세운 대리인의 자리만 보고도 내면에서 관계를 어떻게 맺고 있는지 눈치 챌 수 있다. 물론 대리인은 당신뿐만 아니라 당신의 가족이나 조직에 대한 정보가 전혀 없는 처음 보는 사람이다. 그럼에도 불구하고 대리인들은 당신이 사건에 관계된 사람들과 어떤 관계를 맺고 있는지를 감지하고 그것을 표현한다. 대리인들의 역동적인 움직임은 하나의 형태장을 만들면서 더 깊은 알아차림의 세계로 당신뿐만 아니라 세션 session에 참여하는 모든 사람들을 이끈다. 이 놀라운 체험은 어디서도 볼 수 없는 세우기만의 특별함이다.

일련의 과정을 보는 것은 당신뿐만 아니라 모든 참여자들에게 사건의 배경을 이해하는데 큰 도움이 된다. 컨설턴트는 때때로 대리인들의 역동에 개입하기도 하고, 지켜보기도 하면서 당신과 참여자들이 통찰 할 수 있도록 돕는다.

컨설턴트가 개입 할 경우는 관계가 얽혀있어 소통되지 않을 때다. 컨설턴트는 생명의질서에 맞게 대리인들의 자리를 이동시키거나 관계를 정확하게 맺을 수 있게 말을 따라 하도록 유도하기도 한다. 예를 들면 이런 것이다. 당신이 부모와 갈등관계에 있다면 대체로 부모의 삶을 평가하고 있을 가능성이 높다. '부모님이 이렇게 살았다면 행복했을 텐데' 하는 부모 삶에 대한 유감이 당신도 모르게 내면에서 부모 위로 올라가 부모의 삶을 평가하고 판단하는 태도를 갖게 한다. 이런 경우 당신은 당신의 대리인이 당신 부모의 윗세대로 이동하는 모습을 관찰 할 것 이다. 이때 컨설턴트는 당신 대역을 맡고 있는 대리인을 부모의 아랫자리인 자녀 자리로 이동 시키고 말을 하게 한다. "당신은 크시고, 저는 작습니다. 당신은 주 시고 저는 받습니다." 여기서 '크고 작다'는 말은 신체의 크기를 말 하는 것이 아니다. 생명의 질서에 맞는 자리를 말하는 것이다. 자 녀의 생명은 부모로부터 왔기 때문에 언제나 부모는 크고 자녀는 작다. 그러기에 부모는 생명을 주고 자녀는 받는다. 세우기에서 하 는 말은 언제나 본질차원의 의사소통으로 이끈다. 인간이 정해놓 은 양심이나 도덕적인 판단의 한계를 넘어서 있기에 당신의 통찰 력은 깊어진다.

이 방법을 조직에 적용할 수 있다. 예컨대 조직의 구성원들을 대 신할 사람들을 선택하고 내면의 그림대로 세운다. 당신은 공간에 세워진 대리인의 움직임을 통해 당신이 내면에서 조직을 어떻게 인식하는지를 이해할 수 있다.

예를 들면, 사장인 당신이 조직 내 불편한 관계를 이슈issue로 자 신을 포함한 조직의 구성원들을 대신할 대리인을 내면의 그림대 로 세운다. 대리인들의 움직임을 통해 어쩌면 당신은 몇몇 구성원 들이 사장인 당신을 외면하고 있다는 사실에 놀랄 수도 있다. 또는 직원들의 시선이 조직의 외부를 향해 있거나 당신이 인식하지 못 했던 것들을 대리인들의 역동을 통해 알아차릴 수도 있다.

예컨대 사장인 당신의 권위가 직원들에게 제대로 흐르지 않는다면, 직원들은 당연히 불안하게 되고 그런 까닭에 조직에서 마음이 뜨게 된다. 게다가 그들이 유능한 직원들일 경우, 다른 곳을 바라보고 있다는 것은 곧 그들이 다른 일자리를 찾고 있을 가능성도 있다는 것이다.

이럴 경우 컨설턴트의 개입이 필요하다. 당신을 다른 조직 구성원 대리인들과 마주 보게 세운다. 그 중 어떤 사람은 서열에 맞지 않는 자리에 있을 수도 있다. 조직 구성원 중에 나중에 입사했음에도 불구하고 첫 번째 자리를 차지하려고 한다면, 이러한 행위는 다른 사람들을 불쾌하게 만든다. 그러므로 각자 서열에 맞도록 재배치하여 모두가 편안함을 느끼는 올바른 자리를 찾아주어야 한다.

조직 세우기는 당신이 소속되어 있는 조직체에 대한 당신 내면의 그림을 통해 조직체를 어떻게 인식하고 있는지, 조직체 안에 속해 있는 구성원끼리는 어떤 관계를 맺고 있는지를 스스로 통찰하는 것이다. 조직 세우기에서의 통찰은 당신이 가지고 있는 논리와 양심세계를 넘어서서 다른 인식의 눈, 새로운 인식의 눈을 뜨게 해준다. 조직체에 소속된 당신이 생명체인 것처럼 조직도 하나의 공동 생명체다. 조직 세우기에서 활용되는 기술은 조직생명체와 조직체에 속해 있는 당신이 서로 어떻게 유기적으로 관계 맺고 있는지를 역동적인 움직임으로 보여주는 최신기술이다.

조직 세우기에서 활용되는 기술은 철학, 심리학, 물리학의 여러 이론을 바탕으로 설명이 가능하다. 이 원리는 물리적인 현상에만

국한되는 것이 아니라 세대를 거쳐서 생명이 존속하는 생명현상과 사회현상 등에까지 광범하게 적용될 수 있는 보편적 지혜이며 기업 조직의 원리라고까지 할 수 있기 때문이다.

세우기 하면 당신에게 어떤 이득이 있는가

세우기를 하면 당신은 통찰력을 얻는다. 현상을 보고 현상 이면의 보이지 않는 세계를 동시에 보는 인식의 눈은 세우기가 주는 선물이다. 당신이 부하 직원에게 존경받고 싶으면 세우기를 하라. 폭을 알 수 없는 통찰력은 사람들로 하여금 경외심을 갖게 한다. 의사소통을 깊게 하고 싶으면 세우기를 하라. 상대방이 당신의 말을 들을 수 있는 공간이 있는지를 식별하는 능력이 계발된다. 말을 잘하고 싶으면 세우기를 하라. 관계하게 하는 말과 관계를 끊게 하는 말에 대한 인식력이 키워진다. 고치고 싶은 습관이 있다면 세우기를 하라. 세우기는 당신의 부정적인 패턴이 봉사하는 측면을 보여주고 부정성을 재활용하는 비법을 훈련시킨다. 세우기는 당신 내면에 잠재된 무한한 자원을 삶에 활용하고 적용하는 기초 체력을 키워주는 핵심기술이다. 그러니 세우기를 하라. 무엇보다도 당신께 드리고 싶은 말은 당신의 부모를 통해 온 생명이 당신을 어디로 이끄는지를 세우기는 알게 해준다. 그 알음알이는 당신에게 시간을 읽는 힘으로 작용하여 행동할 때와 멈추고 기다릴 때를 알아차리게 해준다.

당신에겐 공명하는 능력이 있다

세우기에서 당신의 사정을 전혀 모르는 대리인들이 어떻게 당신의 심정을 그대로 드러내는지에 대한 의문에 대하여 두 가지를 설명하겠다.

첫 번째는 당신이 진지한 태도로 대리인의 움직임을 지켜보기 때문에 가능하다. 당신이 상사와의 갈등을 이슈issue로 의뢰한다면, 상사의 지원을 받으면서 조직에서 성장하길 바라는 간절한 마음이 대리인에게 공명을 일으킨다. 만약, 당신에게 마음의 변화가 없다면 대리인들은 움직이지 않는다.

세우기는 당신이 고민하는 사건에 관계된 사람이나 사건을 대신할 대리인을 공간에 세우면서 시작된다. 대리인은 당신이 세운 자리에 서서 몸에 반응이 올 때까지 기다린다. 몸에 반응이 오면 그때부터 서서히 움직인다. 대리인의 움직임은 당신 내면의 그림에 따라 변한다. 당신 내면의 그림이 변하지 않는다면 대리인의 움직임도 그 상태에 머문다. 컨설턴트는 당신이 상사를 어떤 시각으로 보고 있는지를 대리인의 움직임을 통해 당신이 인식할 수 있도록 돕는다. 당신이 상사를 무시하고 있다면 대리인은 상사에 대한 당신의 태도를 그대로 보여준다. 당신은 자신의 태도를 인식하고 상사와의 갈등을 일으킨 원인을 당신의 내면에서 통찰하는 체험을 한다. 대부분 이런 체험은 몸에서 일어나기 때문에 효과가 체험 즉시 나타난다. 체험을 반복해서 한다면 통찰력은 점점 깊어지고, 더 큰 내면의 힘으로 일상에 작용한다.

두 번째는 당신에게 공명하는 능력이 있기 때문에 가능하다. 형태장 이론으로 유명한 루퍼트 셸드레이크 박사는 '세상을 바꿀 일곱 가지 실험들'에서 주인이 언제 돌아올지를 아는 애완동물들을 실험했다.

주인은 집에 있는 강아지를 촬영하기 위해 카메라를 설치하고 회사에 출근했다. 하루 종일 일하고 퇴근하기 위해 겉옷을 입을 때 집에서 공을 가지고 놀던 강아지가 놀기를 멈추고 현관을 향해 걸어가더니 현관 문 앞에서 주인이 올 때까지 꼼짝 않고 기다리는 모습을 포착했다. 현관문이 열리고 주인이 들어오자 애완동물은 주인을 반갑게 맞이했다. 주인이 퇴근하려는 마음을 일으킨 순간 집에 있던 강아지는 현관으로 향했다.

형태장이론

루퍼트 셸드레이크Rupert Sheldrake는 1942년 영국 뉴어크에서 태어났다. 케임브리지대학에서 자연과학을 하버드대학에서 철학을 공부했으며, 게임브리지대학에서 생화학 박사학위를 받은 후 왕립학회 영국 교수로 식물성장과 세포노화를, 인도에서 열대 콩과식물의 생장을 연구하기도 했다. 저명한 생물학자인 그는 과학이 설명하지 못하는 불가사의한 능력, 조금도 의심 없이 믿어왔던 과학적 사실들에 기발하고 호기심에 가득한 질문을 던짐으로써 우리의 고정관념을 뒤흔들었다.

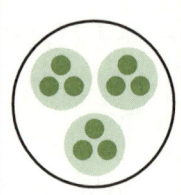

자율조직 시스템의 순차적 조직 단계들. 전체 조직의 각 단계는 저마다 고유의 형태장의 영향을 받는다. 화학의 예를 들면 외곽원은 한 결정체의 형태장을 나타낸다. 그 안의 원들은 분자의 형태장들을, 그 분자들 안의 원들은 원자들의 형태장들을, 그 안의 원들은 아 원자 입자들의 형태장들을 품고있다. 사회생활 하는 동물들의 경우에 외곽 원은 전체집단의 형태장을 타나내고, 그안의 원들은 개개의 동물들을 나타내며, 또 그 안의 원들은 그 동물들의 내부기관들을 나타낸다.

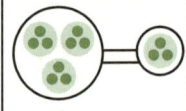

한 집단의 구성원들이 모집단으로부터 분리될 때 전체 집단의 형태장이 늘어나는 방식을 표현한 것이다. 이 장은 한 집단의 서로 분리된 구성원들을 보이지 않는 끈으로 연결시킨 것처럼 작용한다. 집주인을 찾아오는 애완동물, 비둘기의 귀소본능, 흰개미 군락내의 서로 분리된 구성원들간의 감응현상에 이 원리를 적용할 수 있다.

인간이 동물과 교감하는 실험은 여러 사람들을 통해서 입증되었다.

1919년 미국의 동물학자 윌리엄 롱William Long 은『동물들은 어떻게 의사표현을 하는가! How Animals Talk』라는 책에서 자신이 직접 경험한「돈」이라는 개에 관한 이야기를 실었다.

[돈은 내가 학교에 가 있는 동안 마지못해 집에 남아 있었다. 그러나 돈은 항상 내가 언제 집에 올 지를 알고 있는 것 같았다. 개를 별로 좋아하지 않는 내 어머니의 말에 절대 복종하며 돈은 수개월 동안 계속 집 주의를 벗어나지 않았다. 하지만 내가 올 것 같은 날이면 돈은 지금까지와는 달리, 어떤 명령도 듣지 않고 고속도로까지 굽어 볼 수 있는 골목 뒤편의 전망 좋은 바위로 올라가곤 했다. 나는 도착한 시간이 낮이건 밤이건 그곳에서 나를 기다리고 있는 돈을 발견하곤 했다. 한번은 연락도 못하고 불시에 집에 간적이 있다. 어머께서는 낮부터 돈이 안 보이기에 계속 찾았지만 소용이 없었다고 하셨다. 저녁식사 시간에도 돌아오지 않고 아무리 불러도 대답이 없어 어머니는 몇 시간 후 돈을 찾아 나섰다고 한다. 어머니는 그 골목에서 꼼짝 않고 나를 기다리고 있는 돈을 발견하시고는 내가 올 것을 알아차리고 내 방을 정돈했다고 하셨다. 돈이 자주 그 골목에서 어슬렁거렸다면 그런 행동을 어쩌다 맞아 떨어진 우연의 일치라고 생각하기 쉽겠지만 돈은 내가 귀가하는 날 이외에는 단 1분도 그곳에서 기다리고 있는 법이 없었다. 한번은 먼 도시에서 내가 탄 기차가 출발한 지 수분도 안 되어 돈이 기다리는 행동에 들어가는 것이 목격되었다. 돈은 분명히 내가 집으로 돌아오고 있는 때를 알고 있었다.]

이 애완동물은 어떻게 주인이 집을 향해 오는 줄 알 수 있었을까?

〈시선의 힘〉

    보이지 않는 공명 현상은 사람과 동물관계에서뿐만 아니라 사람들끼리도 다반사로 일어난다. 당신은 발신자 표시를 보지 않은 채 전화벨 소리만 듣고도 누구에게 전화 왔는지를 알아맞힌 적이 있을 것이다. 당신은 한 공간에 있는 사람과 약속이나 한 것처럼 같은 말을 동시에 한 적도 있을 것이다. 당신은 속으로 노래를 흥얼거리고 있었는데 약속이나 한 듯이 옆 사람도 당신과 같은 노래를 흥얼거리는 것을 경험한 적이 있을 것이다. 누군가 당신을 놀라게 하기 위해 뒤에서 살금살금 오는 것을 감지하고 뒤를 '휙' 돌아보는 바람에 당신을 놀라게 하려 했던 사람이 오히려 깜짝 놀라 뒤로 나자빠진 모습을 본 적이 있을 것이다. 반대로 당신이 누군가를 뒤에서 응시했을 때 그 사람이 뒤를 돌아본 적이 있을 것이다. 당신은 어떤 것을 결정할 때 왠지 하고 싶지 않은 느낌을 무시하고 했다가 낭패를 본 적이 있을 것이다. 당신은 계획에 없었지만 왠지 하고 싶어서 했다가 횡재를 얻은 적도 있을 것이다. 당신은 중요한 일을 앞두고 불길한 예감이 들어 결정을 유보한 적이 있을 것이다. 당신은 어떤 사람이 웃는 얼굴을 하고 있는데도 불구하고 불편했던 적이 있을 것이다. 반대로 아무 말 없는데도 불구하고 함께 있는 것만으로도 편안한 사람을 만난 적이 있을 것이다. 이같이 보이지 않는 힘이 공명을 일으켜 물리적인 현상이나 사건에 결정적인 영향을 미친 실험 사례들이 많다.

다음은 여우를 관찰하는 동물학자의 '시선의 힘'에 대한 보고서이다.

[나는 여러 굴에서 시간을 보내면서 어떤 엄격한 규율이 있다는 것을 거듭 목격했다. 그러나 나는 암여우가 경고를 하기 위해 그르렁거린다거나 다른 어떤 울음소리도 내는 것을 듣지 못했다. 새끼들은 몇 시간 동안 계속 오후의 햇살 아래에서 활달하게 뛰놀고 있었다. 어떤 녀석들은 쥐나 메뚜기라도 발견한 듯 살금거리고 다른 녀석들은 동료들을 부추겨 싸움이나 사냥하는 시늉을 했다. 이 매혹적인 동물과 친숙해진 후에 발견한 가장 놀라운 행동 양식은, 새끼들이 노는 곳과 그 주변을 조망할 수 있는 좀 떨어진 곳에 나이든 암여우 한 마리가 누워서 말 한마디 하는 법 없이 매순간 자기 가족들을 통제하고 있는 것 같다는 점이다. 때때로 새끼 여우 한 마리가 뛰놀다가 굴에서 너무 멀리까지 나가면 암여우는 고개를 들고 그 놈을 노려본다. 어쨌든 그렇게 보는 것만으로 암여우는 조용히 부른 것 같은 효과를 거두었다. 마치 새끼 여우에게 소리를 지르거나 심부름꾼을 보내기라도 한 것처럼 암 여우의 시선이 새끼 여우를 멈추게 했다. 그런 일이 한 번만 일어났다면 단지 우연이라고 간과할 수도 있겠지만, 항상 똑같은 방식으로 반복해서 일어난다면 우연이란 말로는 설명이 안 된다. 멋모르고 나대던 새끼 여우는 갑자기 행동을 멈추고 마치 명령을 듣기라도 한 것처럼 돌아서서 암여우의 눈빛을 살피고는 휘슬 소리에 훈련된 개처럼 되돌아온다.]

늙은 여우의 시선이 새끼여우의 행동에 미친 영향을 무엇으로 설명할 수 있을까!

시선의 힘은 일상에서 흔히 경험되어진다. 당신은 상사가 아무 말 없이 쏘는 눈총을 맞아 본 적이 있는가? 상사의 눈총은 윽박지르고 화를 내는 것보다 당신을 더 안절부절 못하게 만들기도 했을 것이다. 반대로 상사가 아무 말 없이 따뜻한 눈길로 격려하고 있는 느낌을 받아 본적이 있는가? 아마도 당신은 상사의 기대에 부응하려고 노력한 경험이 있을 것이다.

시카고에 있는 웨스턴 일렉트릭사의 호손 공장을 대상으로 한 산업 연구는 사회심리학 분야의 선구적인 업적으로서 유명하다. 이 연구는 휴식 기간과 피로 풀기에 따라 생산성에 어떤 차이가 생기는지 알아보려고 계획되었다. 그러나 조사자들이 놀란 것은 각각의 실험 조건에 상관없이 전체 생산성이 약 30% 향상되었다는 점이다. 주목받고 있다는 사실이 육체적으로 주어진 근로조건보다 노동자들에게 더 큰 영향을 끼쳤다. 호손효과의 영향은 여러 연구 분야에서 나타날 수 있는데 적어도 심리학, 의학, 동물 행동연구에서는 그 효과를 무시할 수 없다. 세우기에서 대리인의 행동을 지켜보는 당신의 주목이 대리인의 움직임에 영향을 미치는 것처럼, 호손공장 실험의 조사자들이 피실험자인 공장 근로자들을 단지 주목한다는 사실만으로도 결과가 달라졌다. 실험에서 기대한 결과를 얻어내는 경향을 '실험자 효과' 또는 '실험자 기대효과'라고 한다. 실험 결과를 바꿀 수 있을 만큼 실험자의 기대는 강력한 영향력을 발휘한다.

또 다른 예가 로젠탈 연구팀의 피그말리온 실험이다. 샌프란시

스코의 한 초등학교를 대상으로 하버드 대학 심리학자 로버트 로젠탈과 그의 동료들이 그 실험을 주도했다. 이 저명한 과학자들은 초등학교 선생님에게 그 반의 아이들 가운데 몇몇이 지적으로 활짝 꽃피려하고 있으며, 그해 학년도에 훌륭한 성적을 거둘 것이라는 기대감을 심어주었다. 심리학자들은 그 학교 학생들을 대상으로 시험을 치르고, 그것이 '변형 획득 능력 하버드 시험'이라고 하는, 지적인 만개를 예측해 주는 새로운 기술이라고 선전하며 그런 믿음을 조장했다. 반별 20%의 고득점 학생 명단을 선생님들에게 건네주었는데, 실제로는 보통의 필기 지능 시험이었으며, 학생들 명단도 무작위로 뽑은 것이다. 학년말에 모든 아이들을 대상으로 똑같은 지능 시험을 다시 치렀을 때, 첫 번째 시험에서 명단에 있던 아이들은 그렇지 않은 아이들보다 IQ 점수가 15.4점 향상되었다. 두 번째 시험에서는 9.5점이 올라갔다. 이 명단의 아이들은 IQ 점수만 좋아진 것이 아니라 선생님들로부터도 호감이 가고, 말 잘 듣고, 사랑스러우며, 탐구심이 많고, 명랑하다는 평가를 받는 경향을 보였다. 그 이후에도 많은 연구들이 이러한 결론을 뒷받침해 주었다. 이외에도 암 덩어리를 녹여 없애는 플라세보 효과 등과 같이 물리적인 작용에 영향을 미치는 에너지현상들은 모두 공명을 통해 일어나는 실례라 할 것이다.

〈교감〉

시크릿에 출연했던 조 바이텔은 '호오포노포노의 비밀'에서 인간의 공명 능력이 정신질환 치유에 놀라운 효과를 가져다 준 사실을 말하고 있다.

조바이텔이 만난 이하레아카라휴렌 박사는 하와이 주립 정신병원의 중증환자 병동에서 환자들을 만나지도 않고 완치 시킨 심리학자다. 휴렌 박사의 신통한 치료는 그와 함께 근무했던 사회복지사 오마카오카라 하마구치의 증언을 통해 들을 수 있다.

[저는 하와이의 주립 정신병원에 새롭게 문을 연 법의학 병동에 파견되었습니다. 특별 보안 폐쇄 병동으로 불리는 이 병동에는 살인, 강간, 폭행, 강도, 학대 등 중범죄를 저지른 흉악범들이 정신질환으로 판명되었거나 의심되어 수감된 곳이었습니다. …중략… 모든 환자들은 병동에 감금되었고 치료를 받을 때나 법원의 명령이 있을 때만 팔찌나 족쇄를 찬 채로 동행인과 함께 방을 떠날 수 있었습니다. 그들은 하루 중 대부분을 콘크리트 벽과 천장, 문이 잠기는 화장실, 창문이 없는 격리실에서 보냈습니다. 많은 환자들에게는 독한 약물 처방이 내려졌고 실내외 활동은 극히 드물었어요. 사고가 빈번하게 일어났습니다. 환자들이 직원 혹은 다른 환자를 공격하거나 자해를 했고, 심지어 탈출을 감행하는 환자들도 있었습니다. 직원들이 일으키는 사고 역시 문제였습니다. 환자들에 대한 직권 남용, 약물복용, 병가, 직원들 간의 불화, 임상심리학자와 정신과 의사나 행정직원들의 끊임없는 이직, 상하수도 전기배선 문제 등 이루 다 헤아릴 수가 없었죠. 늘 긴장감이 돌던 그곳은 폭발 직전의 우울하고 거친

곳이었습니다. 화초조차 잘 자라지 않았어요. …중략… 그래서 모두들 또 다른 임상심리학자가 나타났을 때에도 사람들은 최신 요법을 시행한답시고 이것저것 들쑤시다가 포기하고 떠나겠구나 하고 말았죠. 하지만 휴렌 박사님은 달랐어요. 다정하게 행동했을 뿐 거의 없는 것과 다름없이 굴었습니다. 어떤 평가도 판단도 진단도 심리치료도 심리검사조차 하지 않았죠. 가끔 늦게 나오기도 했고 사례연구회의 참석은 물론이고 의례적인 기록 작성도 하지 않았습니다. 대신 호오포노포노라는 '이상한' 요법을 시행했는데 자기 자신을 전적으로 책임지고 오직 자신만을 바라보며 자기 안의 부정적이고 원치 않는 에너지를 제거하는 방법이라고 했습니다. 가장 이상했던 것은 이 심리학자가 늘 느긋하고 정말 즐거워 보였다는 점이었습니다. 잘 웃고 직원들은 물론이고 환자들과 장난도 치면서 진실로 자기가 하는 일을 즐기는 것 같았습니다. 자연히 모든 사람들이 그를 좋아하고 그와 잘 어울렸습니다. 변화는 그렇게 시작됐습니다. 격리실이 점차 남아돌기 시작했지요. 환자들은 자기 일을 스스로 알아서 하기 시작하더니 자신을 위한 프로그램을 만들고 실행하는데 적극 참여했어요. 약물 처방 횟수 또한 떨어졌고, 환자들이 구속 장치를 하지 않고 병동 밖으로 나가는 것이 허용되었습니다. 병동은 점차로 생동감이 넘쳐흘렀습니다. 더 조용하고 더 가볍고 더 안전하고 더 깨끗하고 생산적인 곳이 되었습니다. 식물들도 잘 자라기 시작했고, 상하수도 문제와 병동 내의 폭행사건도 거의 자취를 감추었으며, 직원들은 느긋하지만 열정적으로 일하면서 사이좋게 지냈습니다. 직원들이 툭하면 병가를 내거나 그만두는 바람에 부족하던 인력이 오히려 남아돌아 밀려나지는 않을까 걱정하는 상황이 되었죠. 특히 두 가지 사건이 가장 기억에 남습니다. 심한 피해망상증 환자가 한 명 있었는데, 그는 병원 내부 사람들이나 외부의 일반 사람들에게까지 몇 번이나 심한 폭력을 휘두른 전력이 있었고, 여러 정신병원들을 전전하다가 살인을 저지르고 하와이 주립 정신병원으로 이송된 사람이었습니다. 가까이 있는 것만으로도 머리카락이 쭈뼛 설 정도로 음산하고 무시무시한 흉악범이었죠. 그런데 휴렌박사가 합류한 지 1~2년이 되었을 무렵 놀라운 일이 일어났습니다. 누군가 구속 장치를 착용하지 않은 채로 내게 다가왔는데 알고 보니 바로 그였습니다. 소름이 돋기는커녕 긴장도 되지 않았습니다. 저는 아무 생각 없이 그냥 그를 바라보기만 했을 뿐 위협감은 전혀 느끼지 않았습니다. 심지어 우리는 어깨를 스치며 지나가기까지 했죠. 예전 같으면 언제라도 도망갈 태세를 갖추었을 텐데 말입니다. …중략… 유일한 단서는 몇몇 직원들이 휴렌 박사가 전파한 호오포노포노 치유법을 실시하고 있다는 사실뿐이었습니다. …중략… 다른 하나는 서너 살짜리 여자애를 성폭행하고 살해한 하와이 주립 정신병원의 한 환자가 법정에 출두한 사건입니다. 이 환자는 기소유예 처분을 받고 입원한 경우였죠. 정신과 의사와 심리학자들이 검사를 실시한 결과 '무죄' 판정을 충분히 가능할 정도의 정신착란 진단을 내렸던 겁니다. 그는 감옥에 가지 않고 제약이 덜한 정신병원에 복역하면 조건부 석방이 될 가능성이 있었습니다. 그런데 휴렌 박사가 이 환자에게 영향을 끼쳤습니다. 이 환자는 호오포노포노를 열심히 배웠습니다. 그리고 심문에 응할 수 있을 만큼 회복되어 법원출두 일이 정해진 상태였습니다. 보통의 환자들과 변호사들이라면 정신장애에 의한 형사면책을 선택했겠지만 이 환자는 그렇지 않았습니다. 그는 법정에 출두하기 하루 전에 변호사를 해임하고는 다음날 오후 판사를 마주하고 법정에 서서 겸손하게 이야기 했습니다. "내게 책임이 있습니다. 미안합니다." 아무도 예상치 못한 일이었죠. 판사는 당황해하다가 몇 분이 지나서야 비로소 상황 파악을 했습니다. …중략… 그

환자는 평범한 유죄 판결을 받았습니다. 그의 아내와 아이들이 살고 있는 고향에 위치한 주립 교도소에서 형을 살도록 판사가 관대한 처분을 내렸답니다. …중략…]

휴렌 박사가 병원에서 행한 호오포노포노는 '모든 것은 온전하기 때문에 자기한테 일어나는 모든 사건은 모두 자기 책임이다.'라는 명제 하에 자기를 정화하는 작업을 말한다. 휴렌 박사가 어둡고 무질서한 정신병원에 존재하는 것도 휴렌 박사 스스로에게 책임이 있기 때문에 스스로를 정화했다. 휴렌 박사는 병원에 수용된 환자에게 나타나는 여러 증상들도 자기 탓이므로 스스로를 정화했다. 정화의 언어는 '사랑합니다. 고맙습니다. 미안합니다. 용서해주세요.'이다. 휴렌 박사는 환자를 만나지도 않고 내면에서 정화의 네 문장을 반복했던 것이다. '사랑합니다.'라는 문장을 기계적으로 반복하는 것은 의미 없다. 그 말에 몸이 공명을 일으키면 정신이 사랑의 공간에 머문다. 사랑의 공간에서 상대방을 생각하면서 정화가 된다.

당신에게 관계하기 버거운 사람이 있다면 그 어려운 감정은 상대방과 무관한 당신의 책임이라는 것을 이해하기 바란다. 상대방 때문에 힘든 것이 아니라 당신 내면에 있는 어두운 기억이 상대방을 통해 드러났으므로 당신 스스로를 정화하면 그 느낌은 사라진다. 그럼 상대방과 관계를 새롭게 맺을 수 있는 내면의 공간이 만들어진다. 이 모든 것은 공명을 통해 일어난다.

> 공명이란 진동계가 그 고유진동수와 같은 진동수를 가진 외력(外力)을 주기적으로 받아 진폭이 뚜렷하게 증가하는 현상을 가리킨다. 이를 이용하면 세기가 약한 파동을 큰 세기로 증폭시킬 수 있다.
>
> 〈출처 네이버 백과사전〉

〈생각의 홀로그램 '양심'〉

세우기에서는 내면의 그림이나 생각, 선택의 출처를 양심에서 찾는다. 양심의 기능은 당신이 집단에 소속하기 위해서 무엇을 해야 하고, 해서는 안 되는지를 결정하는 기준이 된다. 그리하여 당신은 그 집단에 묶인다. 그 집단에 속하는 행동을 할 때는 마음이 편하지만 귀속의 권리를 위태롭게 하여 추방되어질 행동을 할 경우에는 양심에 가책을 갖는다. 의사결정에 있어서 양심은 합리적 선택보다 우위에 있다는 것을 당신은 야루보 여인부족의 삶에서 알 수 있다. 아마존의 깊은 숲 속에 야루보 여인 부족이 살고 있다. 그녀들의 조상은 스페인의 침략에 남편과 아버지, 아들을 잃고 강간을 피해 아마존으로 숨어 들어온 여성 인디오다. 대를 잇기 위해 옆의 부족의 남성에게 씨를 받아 아기를 낳는다. 야루보 여인들은 딸을 낳으면 함께 살지만, 아들을 낳으면 다른 부족에게 입양시켜 생이별을 한다. 스페인 침략이 끝난 지 오랜 세월이 흘렀는데도 조상들이 겪었던 이별의 아픔을 이들은 계속하고 있다. 이런 결정은 비합리적으로 보이지만 야루보 여인들의 양심이다. 만약에 아들과 함께 살고자 한다면 부족을 등지고 떠나야 한다. 그녀는 양심의 가책을 느끼며 아들을 키운다. 여기서의 양심은 선, 악과 상관없는 것이다. 그러기에 많은 사람들이 선한 양심을 가지고, 아주 나쁜 것을 행한다. 미국의 쌍둥이 빌딩을 비행기로 폭파했던 테러리스트도 그들의 종교적 신념 안에서 매우 양심적인 사람들이다.

양심은 직장에서도 마찬가지다. 부서장끼리 서로 관계가 안 좋으면 대체로 상대 부서의 직원들끼리도 사이가 서먹하다. 당신의 절친한 친구가 자사 제품을 사지 않고 경쟁사 제품을 구입했을 때 당신이 기분 상했다면 이 또한 양심이 올라온 것이다.

생각은 실제 한다. 세우기에서는 작은 양심에 갇힌 생각들이 당신의 삶이 흘러가는 것을 방해한다면 인식할 수 있도록 보여준다.

다음은 버트 헬링거의 '양심'에 대한 말이다.

우리는 우리 안에서 여러 양심들이 우리에게 영향을 미친다는 것을 감지할 수 있고, 관찰할 수 있습니다.

첫째 양심은 우리에게 아주 잘 알려져 있습니다. 우리는 거리끼는 양심과 거리끼지 않는 양심으로 구별합니다. 그러나 여러 면에서 이 양심은 사랑에 적대합니다. 이 양심의 사랑은 적은 사람들에게만 향하고 있기 때문입니다. 우리가 제외된 사람들과 함께 한다면, 우리는 양심에 거리낌을 갖습니다. 정의를 추구하는 모두는 거리끼지 않는 양심으로 그렇게 합니다. 그러나 그들은 무엇을 원합니까? 정의가 마침내 실현된다면, 누군가에게 정말 무엇이 발생하길 원합니까? 누군가가 죽길 원합니다. 이게 양심에 거리끼지 않는 정의입니다.

이게 첫째 양심인 개인양심입니다. 이 양심은 아주 제한합니다. 우리가 우리 삶과 일에서 이 양심에 머문다면, 우리는 결국 나쁜 것이 생기게 합니다.

두번째 양심인 집단양심은 우리에게 인식되지 않습니다. 옛날에는 아주 당연히 인식되었습니다. 지금도 그런 문화가 있습니다. 이 양심은 두 가지 법칙을 따릅니다. 그룹에 속한 누구도 제외되지 않고 귀속될 권리가 있습니다. 그리고 이 그룹에선 서열원칙이 있습니다. 먼저 있는 사람은 나중에 오는 사람에 우선합니다.

그리고 영적인양심이 있습니다. 이 양심은 모두를 위해 사랑을 지킵니다. 영적인 양심도 개인적인 양심처럼 평온함과 불편함으로 반응합니다.

거리끼거나 거리끼지 않는 개인양심도 평온함과 불편함으로 경험합니다. 개인양심을 통한 느낌을 통해 우리 행동은 조절됩니다. 영적인 양심도 같습니다. 영적인 양심을 우리는 단지 다르게 느낍니다.

우리가 영적인 양심에 거리껴 하지 않으면, 우리는 평온합니다. 우리가 이 영적인 양심과 공명에 있으면, 우리는 모두를 향한 사랑과 공명에 있습니다. 이게 본질적입니다. 그럼 우리는 아주 깊게 이끌림을 느낍니다.

내가 모두를 향한 사랑에서 벗어나면, 나는 거리껴하는 영적인 양심을 갖습니다. 어떻게 나타납니까? 나는 불안해합니다. 금방 나는 불안하게 되고 혼란스럽게 되어, 어찌할 바 모릅니다. 이 영적인 양심을 지키지 않으면, 우리는 서두릅니다. 우리는 서두르면서 다른 사람에게 반대합니다. 모든 서두름은 누군가에게 적대합니다. 그럼 우리는 모두를 향한 사랑을 잃습니다. 우리가 어떻게 하면 거리끼는 영적인 양심에서 나와 거리끼지 않는 영적인 양심으로 돌아옵니까? 우리는 기다립니다. 모두를 향한 사랑과 다시 공명에 올 때까지 기다립니다. 영적인 양심은 단순하고 좋습니다. 그러나 우리를 엄하게 훈육訓育합니다. 우리가 다른 사람을 도우려고 할 때만 아닙니다. 하루 종일 우리를 엄하게 훈육합니다. 영의 훈육을 합니다. 그러나 나쁜 훈육이 아닙니다. 이 훈육은 사랑의 훈육이기 때문입니다.

(발췌 : 버트헬링거 선생님 글 중에서, 박이호 선생님번역)

내면의 자리를 이해하는 힘은 막강한 경쟁력

세우기에서 자리에 대한 개념은 매우 중요하다. 입시학원 수학 강사 중에 '수학의 신'으로 불리던 강사가 있었다. 학생들은 그 수학 강사의 수업을 듣기위해서는 밤새도록 줄을 서야만 겨우 수강 증을 끊을 수 있었다. 강사는 상수에 대한 개념 하나로 모든 함수 문제를 10초 이내로 풀어버리는 놀라운 능력을 학생들에게 보여주었다. 세우기에서 자리에 대한 개념은 함수의 상수처럼 관계 속에서 일어나는 사건을 10초 이내로 이해할 수 있는 핵심 개념이다.

자리에 대한 개념을 이해하려면 2가지 측면을 알아야 한다. 보이는 자리와 보이지 않는 자리 즉 의식의 공간이 그것이다. 이를테면 직장에서 주어지는 직급에 의한 자리는 보이는 자리다. 직장에서 당신이 사장이라면 사장자리를 차지하고 있을 것이다. 물론, 사장실이라는 물리적인 공간까지 주어졌을 것이다. 가족관계에서 당신이 아버지라면 분명 자녀가 있을 것이다. 자녀가 존재함으로써 아버지라는 자리가 생기기 때문이다. 이처럼 대상에 의해서 정해지는 자리도 인식이 가능하다. 나는 당신께 빤히 알고 있는 자리를 말하려는 것이 아니다. 내가 당신께 말하고 싶은 것은 보이지 않는 의식의 공간이 현재 당신이 존재하는 자리와 그 자리에서 일어나는 사건에, 또는 그 자리에서 맺는 인간관계에 어떻게 영향을 미치고 있는 지에 대한 관계성이다.

〈주인의식〉

　당신은 사장으로서 사원에게 주인의식을 강조 하면서, 사장인 당신처럼 일하길 요구했다. 이러한 당신의 태도에 대하여 사원이 '내가 사장이라면 저렇게 일하지 않을 텐데!'라고 생각했다면 사원의 의식은 어디에 있는 것일까?

　당신은 '정신 나갔다.' '정신 빠졌다.' '정신 차려라.' '정신 들다.' '정신 있다.' '정신없다.' '정신 팔다.' '정신 잃다.'라는 우리말을 알 것이다. 이 말을 들여다보면 '정신'이 마치 어떤 공간을 들락날락 이동하기도 하고, 사라졌다 나타났다 하는 것처럼 보인다. 이처럼 정신이 드나드는 곳이 의식의 공간이다. 정신이 어떤 의식의 공간에 있느냐에 따라 말과 행동이 달라진다. 관계를 이해하려면 당신뿐만 아니라 당신과 관계하는 상대의 정신이 어떤 의식 공간에 있는지를 알면 관계를 새롭게 맺을 수 있고, 다르게 맺을 수도 있다.

　세우기는 당신이 고민하는 사건이 당신을 어디로 이끄는지를 대리인의 움직임을 통해 보여준다. 세우기의 신비한 체험은 당신의 보이지 않는 의식 세계를 대리인이 보여주기 때문이다. 당신이 세우기에 참여해서 경험하는 깨달음은 인간관계나 일관계에 바로 적용된다. 그 것은 당신에게 겪음의 배경이 어떤 의식에서 왔는지를 스스로 통찰하기 때문이다.

주인의식이란, 자기자리의 힘에 정신 집중되어 있는 상태를 말한다. 당신은 기업의 사장이다. 당신이 주인의식이 강하다면 사장 자리의 힘을 필요한 때 필요한 만큼 쓰는 것에 자유롭다. 자리의 힘은 권위다.

많은 사람에게 존경받는 전설적인 경영인 잭 웰치가 어려움에 처한 GE의 최고 경영자로 부임하면서 제일 먼저 썼던 자리의 힘은 직원들을 정리해고 시킨 일이었다. 반면, GM이 노사갈등으로 해고한 노동자와 공장을 인수한 NUMMI라는 회사의 경영자는 무해고 정책을 도입했다. 당신은 기업 생존을 위하여 잭 웰치처럼 직원을 해고시키는 결정을 할 수 도 있다. 또는 NUMMI의 경영자처럼 간부의 연봉을 삭감하고, 조업을 단축하며 일자리를 보장해 주는 결정을 할 수도 있다. 당신이 결정하는 것이 어려워 잠 못 드는 밤을 보낸다면, 자리를 인식하길 바란다. 어떤 결정이든 당신은 경영자 자리의 힘을 쓰는 것이다. 당신이 당신자리에 정신 집중되어 있으면 변화를 가져오는 행동을 스스로 할 수 있다.

당신이 쓰는 자리의 힘이 전체를 위해 좋게 쓰이면 쓰일수록 더 큰일을 해 낼 수 있는 다른 힘으로 당신에게 되돌아온다. 그 힘이 자리에 차고 넘치면 당신은 다른 사업체를 인수 합병 할 일이 생길 수도 있다. 이제 당신은 사장 자리에서 여러 사업체를 거느린 회장 자리의 주인으로 가야할지 모르겠다. 반대로 당신이 자리의 힘을 쓰지 못하면 그 자리에 존재하는 것이 불편하게 느껴진다. 당신은 어떤 방식으로든 그 자리에서 물러나게 된다. 자리는 이렇게 이동

하는 것이다. 그러므로 당신을 자리와 하나로 보는 시각에서 해방
될 필요가 있다. 자리의 힘은 당신한테서 나오는 것이 아니라 당신
을 통해 흐르는 것이다. 사장은 기업의생명체가 아니다. 기업의생
명체는 많은 부분들이 모인 다른 차원의 생명체다. 기업은 생명체
이므로 스스로 성장하려한다. 사장인 당신은 기업생명체의 일부분
으로 존재해야 한다. 당신이 다른 곳으로 이동해도 기업체는 생존
할 수 있어야 한다. 이것이 자리의 주인의식이다.

  사원인 당신도 마찬가지다. 당신이 주인의식으로 존재한다면, 사
원 자리의 힘이 필요한 때 필요한 곳에서 필요한 양만큼 당신을 통
해서 흐를 것이다. 이 때 쓰는 힘에도 역시 권위가 있다. 사장 권위
와 사원 권위는 사장 자리와 사원 자리가 기능적으로 다르기 때문
에 기업 생명체에 미치는 영향력에 차이가 있을 뿐이다. 사원인 당
신권위의 범주가 작다고 무시할 일이 아니다. 고객 접점에 근무하
는 당신의 권위는 회사의 이미지를 살리기도 하고 죽이기도 하기
때문이다. 당신이 고객을 섬기는 태도로 일하는 힘은 사원자리의
주인일 때 나오는 힘이다.

  주인의식이 강한 사원으로 대표적인 기업이 사우스웨스트항공
이다.『숨겨진 힘의 사람 편』에 보면 사우스웨스트항공의 직원들이
자신의 권위를 쓰는데 주저함이 없는 조직문화를 잘 보여주고 있
다. 광적인 사이비 종교집단의 신자들처럼 회사에 대한 충성심이
대단하다고 소문난 사우스웨스트항공의 조종사는 승객의 가방을
실어야할 경우가 있으면 기꺼이 직접 싣는다. 뿐만 아니라 탑승 담

당 직원은 승객 중 한 사람이 개를 데리고 휴가를 떠나기 위해 공항에 왔다가 개는 함께 비행기에 탑승할 수 없다는 사실을 알게 되었다. 그러자 개주인이 마음 놓고 휴가를 즐길 수 있도록 2주 동안이나 그 개를 돌봐주었다. 또 다른 직원은 한 노인이 다른 비행기로 갈아타는 것을 도와주기 위하여 다음 기착지까지 그 승객과 함께 동행 한 적도 있었다. 어떤 직원은 친척이 위독하여 집으로 향하는 승객이 더 이른 시간에 탑승할 수 있도록 특별히 배려하여 결국 그 승객은 환자가 운명하기 전에 임종을 지킬 수 있었다. 사우스웨스트 항공의 직원처럼 자리의 힘을 쓰는 조직문화에서는 직원 스스로 결정하고 행동하며 책임지는 모습을 쉽게 볼 수 있다.

'권위'는 '권위적인'과 구별된다. 권위적인 사람은 정신이 자기자리에 존재하지 않는다. 당신이 권위적인 사장이라면 관계 속에서 침해당했을 때 불쾌한 기분정도는 감지하지만 침해당했는지 인식이 어렵다. 그래서 침해한 대상으로부터 즉시 응해야 할 적절한 조치를 취하지 못하고, 만만한 부하 직원에게 화를 내는 상황을 만든다. 당신은 사장으로서 마땅히 해야 할 결정이나 책임을 부하 직원에게 떠넘기고 싶을 수도 있다. 일의 결과에 대해 잘되면 그냥 넘어가지만 잘 안 되었을 경우 무엇이 잘 못되었는지를 이해하기 보다는 누가 잘 못 했는지를 따지려고 할 것이다. 이런 일련의 사건은 당신의 정신이 사장 자리를 이탈해서 다른 자리에서 사장 노릇을 하려 할 때 생길 수 있다. 조직세우기 세션session을 해보면, 내면에서 자기 자리의 주인으로 존재하지 않으면 부하직원이 그 자리로 올라오는 것을 보여준다. 당신의 권위가 부하 직원에게 무시당한다면 당신이 사장 자리의 주인으로 존재하고 있는지를 먼저 점검하기 바란다.

〈자리 뺏기와 자리 만들기〉

나는 비전이 있다. 세상 사람들에게 내가 만든 프로그램을 제공하여 서로의 자리를 존중하고, 새로운 자리를 만드는 창조적인 삶을 사는 방법을 전승하는 것이다. 지금 보다 더 많은 사람들에게 전승하면 할수록 나의 자리는 달라질 것이다. 당신도 비전이 있을 것이다. 당신의 비전이 이루어지면 당신의 자리는 지금과 달라질 것이다. 당신이 사회적으로 성공하면, 지금보다 더 영향력 있는 자리로 이동할 것이다. 하지만 그 자리에서 물러서면 힘도 사라진다. 눈에 보이지 않는 의식도 자리가 있다. 영혼이 성숙해지면 의식의 자리가 달라진다. 인격이 숙성될수록 점점 겸손해지고, 삶이 편안해 지는 자리로 이동한다.

당신은 지금보다 더 영향력 있는 자리로 가기위해 어떤 방법을 쓰고 있는가?

내가 좋아하는 강사 중에 이 강사라는 사람이 있다. 나와는 다른 분야를 강의하지만 그의 열정적인 삶의 태도는 배울 것이 많다. 작년 이 강사의 거침없는 열정이 '자리'를 침해하는 사건으로 일어나 서먹한 관계가 되었다. 나는 이 사례를 통해 당신께 자리를 존중하고 침해하는 것이 무엇인지 전하려 한다.

나는 게릴라 조직으로 일한다. 나와 함께 일하는 모든 강사들은 일인기업가로서 각 분야의 전문가다. 우리는 프로젝트를 수주 받으면 프로젝트 목적에 맞는 커리큘럼curriculum과 강사진을 구성하고 성공적인 프로젝트를 위해 각자 자리에서 헌신한다.

지난해 우리는 조직세우기 프로그램을 한 기업체에 제공했다. 일 년 동안 한 회 기수당 5일씩 진행했고 5명의 강사가 투입되었다. 미국식 기업교육이 판치는 우리나라에서 유럽식 교육인 조직세우기가 한 회 기당 5일씩 진행되었다는 것은 기업교육 시장에서는 센세이션을 불러일으킬만한 고무적인 일이었다. 참여자들의 반응은 뜨거웠다. 교수평가 점수도 거의 만점에 가까 왔고 인기 강좌가 되었다. 그 과정은 1기부터 성공했다. 1기 때 참여했던 사람들이 입소문을 내는 바람에 2기부터는 조기 마감되는 일이 벌어졌다. 프로그램이 대박나자 조직세우기 프로그램이 만들어질 때 살짝 관여했던 이 강사가 프로그램에 들어와 강의 하고 싶은 욕구가 생겼던 모양이다. 이 강사는 프로그램을 수주한 김 강사에게 나를 소개시켜 준 사람이다. 김 강사와 이 강사는 기업체에서 함께 강의하는 친한 사이다. 기업체 담당자로부터 조직 문화까지 바꿀만한 파워풀한 체험식 교육이 없냐는 주문을 받은 김 강사는 이 강사 에게 상의를 했다. 내가 진행하는 가족세우기에 참여했던 이 강사가 조직세우기를 떠올리는 것은 어려운 일이 아니었다. 김 강사와 이 강사는 나에게 찾아와서 프로그램을 문의했다. 나는 프로그램을 만들어 주었고, 함께 강의할 강사들까지 섭외했다. 이 강사는 조직세우기와는 다른 분야의 전문가였기에 프로그램 진행 할 때 와서 공부삼아 보는 것 정도로 관여하였다.

그런데 얼마 전 부터 이 강사는 나에게 수시로 김 강사를 깎아 내리는 얘기를 했다. 그 말의 끝에는 김 강사가 강의하는 자리에 자신이 들어가야 한다는 뜻을 내비쳤다. 특히, 얘기 중에는 발주업체의 담당자와 수주를 받은 김 강사 관계가 나빠져서 자신이 구원자 역할을 하고 있는 듯이 말했다. 이 내용을 반복해서 들으니 진짜 문제가 많은 것 같고 이 강사가 구원자처럼 느껴졌다. 하지만 교수 평가는 언제나 만점에 가까운 점수가 나왔고, 담당자도 특별히 하는 말이 없었다. 또한, 이 강사가 말하는 문제라는 것은 프로그램 전체 흐름에 티도 안 나는 극히 부분적인 것들을 확대해석한 깃이었기 때문에 나는 아무런 반응을 하지 않았다.

일 년 과정이 끝나고, 다음해도 조직세우기 프로그램이 들어가기로 결정이 났다. 김 강사에게 전화가 왔다. 내용인 즉은 발주 업체 담당자가 내년 프로그램 일정을 김 강사에게 보내지 않고 아무 상관없는 이 강사에게 보냈다는 것이다. 어찌 된 일인가 얘기를 들어보니, 이 강사가 프로그램에 참여하기 위해 발주업체 담당자와 김 강사 관계를 이간질 시켜 김 강사 자리를 뺏는 과정 중에 있었다. 얘기를 하면서도 김 강사는 자리를 뺏기고 있다는 인식이 없는듯 했다. 단지 막연히 기분이 나쁘고 가슴이 답답해져 나에게 전화를 했던 것이다. 김 강사는 이 강사가 프로그램에 강사로 들어오고 싶다는 말을 몇 달 전 부터 했었는데 어떻게 해야 할지 몰라 아무 말을 못하고 있었다고 한다. 김 강사와 이 강사는 아주 친한 사이였기 때문에 이 강사의 요구를 심정적으로 거절하기 어려웠던 모양이다. 처음에 거절 하지 못한 것이 프로그램 일정표가 이 강사에게 전달되는 사건으로까지 번진 것이다. 거절을 할 때는 명분이 있으면 편하다. 명분을 만들려면 범주를 크게 잡는 것이 한 방법이다. 나는 김 강사에게 이 강사가 조직세우기 프로그램 강사로 들어왔을 때 프로그램에 힘이 되는지 힘을 빼는지부터 감지해 보라고 했다. 개인적인 친분을 이유로 프로그램의 생명력에 저해되는 결정을 해서는 안 된다. 회사가 문 닫으면 직원들의 일자리가 없어지는 것처럼 프로그램이 죽으면 모든 강사들의 자리가 없어지기 때문이다.

어수선한 분위기가 교육담당자에게까지 들어가자 교육 횟수를 줄여 다른 프로그램으로 대체하겠다는 말까지 나왔다. 늦었지만 김 강사가 수습에 나섰다. 김 강사는 내면에서 이 강사와의 관계를 정확하게 맺는 세션session을 하고 나서 가볍게 거절했다. "이 강사님, 조직세우기에 대한 애정에 감사드립니다. 조직세우기는 함께 하던 강사들끼리 더 열심히 잘 해볼 테니까, 선생님께서는 혹시 조언할 말씀이 있으시면 그때그때 조언을 해 주시면 되겠습니다."

만약 김 강사의 거절이 이 강사가 침해하려는 시점에 했더라면 몇 달 동안 이 강사는 자리를 뺏기 위해 애 쓰지 않았을 것이고, 프로그램이 이 강사에게 시달리지 않았을 것이다. 때때로 거절이 많은 사람을 편하게 한다. 김 강사의 친절한 거절로 이 강사의 자리

뺏기 작전은 물거품이 되었다. 이 강사는 나에게 전화를 걸어 불쌍한 목소리로 생활비가 없다고 말했다. 조직세우기를 강의하고 싶다는 의사표현을 생활비 없다는 말로 표현해 버리면 상대를 인색하고 파렴치한 사람으로 만들어버린다. 정신이 어디에 있느냐에 따라 이렇게 욕구를 표현하는 말이 전혀 다르게 나온다.

당신은 이 강사의 의식이 어디에 있는지 인식되는가? 이 강사가 프로그램 전체를 보지 못하고, 프로그램의 일부분인 강사 자리만 보고 있는 것이 보이는가 말이다. 그는 왜 강사자리만 보는 것일까? 강사자리에서 얻어지는 이득만을 보기 때문이다. 이 강사가 나에게 생활비 이야기를 하는 걸 보니, 강사료였던 것 같다. 똑 같은 상황이라도 사람마다 이슈issue가 다르다. 어떤 사람은 강의 경험을 이득으로 생각하는 사람도 있을 것이고, 어떤 사람에게는 강의 경력이 필요하기도 할 것이다. 어떤 행동을 할 때 동기는 사람마다 다르기 때문에 일반화 시키지 않길 바란다.

이 사건이 종결되어질 즈음 이 강사는 나를 또 한 번 놀라게 했다. 내가 3년 동안 준비했던 브랜드를 물어보지도 않고 자신의 프로필에 올린 것이 발견되었기 때문이다. 나는 즉시 삭제를 요구하는 메일 보냈고, 이 강사는 바로 처리했다. 이 두 사건이 있은 후 이 강사와 관계가 어색해졌다. 그렇다고 서먹해질 관계가 두려워 자신의 자리를 침해하도록 허용해서는 안 된다. 왜냐하면 자기의 자리를 지키는 것은 타인의 자리를 존중하는 것과 같기 때문이다.

당신은 이 강사가 '자리 뺏기'가 아닌 '자리 만들기'를 한다면 어떻게 할 수 있다고 생각하는가?

자리를 만들려면 환경을 먼저 인식해야 한다. 정신적인 환경으로는 가치에 대한 인식이다. 이 강사는 조직세우기의 가치에 깊은 매력을 느낄 뿐만 아니라 애정을 가지고 있었다. 단지 강사료 때문에 강의하고 싶어 하는 것이 아니라는 것을 나는 누구보다도 잘 안다. 그런데도 그렇게 행동한 것은 의식이 가치에 있지 않고 돈에 있었기 때문이다. 의식이 어디에 있느냐에 따라 말과 행동이 달라진다. 이강사가 프로그램에 참여하기엔 아주 좋은 환경이었다. 왜냐하면 프로그램에 참여하는 5명의 강사는 모두 이 강사를 좋아한다. 이 강사가 조직세우기 전문가는 아니지만 강사로 함께 참여하고 싶다는 욕구를 말하고 기다렸다면, 그가 프로그램에 일조한 부분도 있고, 나를 포함한 모든 강사들이 그와 함께 잘되기를 바라기 때문에 함께 할 방법을 궁리했을 것이다. 이 같은 경우는 자리를 외부에서 들어오는 이 강사가 만드는 것이 아니라, 프로그램을 진행하고 있는 내부에서 만들어 주는 것이 자연스럽다. 사건이 있은 후 회의 시간에 내가 이런 이야기를 강사들에게 했더니, 모두 고개를 끄덕였다. 이강사가 강사들을 존중하고 자신의 욕구를 정직하게 표현하고 기다렸다면 그가 원했던 것처럼 조직세우기 본 강좌가 아닌 오프닝opening이나 마무리시간의 일부를 맡아서 함께하는 시간을 고려했을지도 모르겠다.

경쟁이 치열한 시대에 살다보니 남의 자리를 뺏는 것이 능력처럼 보이는 일도 있는 것 같다. 주인을 밀어내고 자리를 차지하는 방법은 시간이 짧고 손쉽다. 주변에 관계 맺고 있는 사람들에게 그 사람을 깎아내리는 말을 해서 이미지를 손상 시키든가, 이간질 시켜 관계 맺고 있는 사람들로부터 제외 당하게 만드는 것이다. 그 자리의 주인이 정신 나가있다면 어영부영하다 자리를 뺏긴다. 그래서 정신 나간 사람의 자리를 뺏는 것은 쉬운 일이다. 하지만 만약 상대방이 정신 차리고 사는 사람이라면 침해 받는 자기 자리를 지키기 위해 대화를 시도하거나 거절이나 화를 내는 등의 여러 방법을 사용할 것이기에 관계에 비상이 걸릴 것이다.

자리를 뺏는 것과 구별해서 자리를 만드는 방법에는 두 가지가있다. 첫 번째는 실력이 워낙 뛰어나거나 인간관계를 잘 맺어서 사람들이 당신과 함께 일하고 싶어 몸살 나게 하는 방법이다. 기업에서 흔히 하는 스카우트scout나 모임에서 주대되는 사리가 해당되겠다. 두 번째는 스스로 자리를 만드는 방법인데, 세상에 없는 것을 만들어내는 것이다. 김치냉장고 같은 제품이 여기에 해당된다. 자기 브랜드를 만들어 활동 하는 강사도 여기에 속하며, 세우기도 신종 상담기술이다. 우리나라에는 아직 많이 알려지지 않았지만, 전 세계 40여 개국에서 컨설턴트들이 활동하고 있다. 이런 것들을 대안시장blue ocean이라고 하지 않던가! 당신도 대안시장blue ocean의 대열에 서서 당신의 공간을 넓혀가길 바란다. 혹시, '대안시장blue ocean은 아무나 하나!' 라고 생각한다면 걱정 말길 바란다. 모든 대안시장blue ocean의 시작은 작고 사소한 것에서 출발했다. 당신이 하고 있는 일의 미미한 것들이 전체와 조금 더 넓게는 사회와 어떻게 연결되어 움직이는지를 관찰하는 것에서 출발해 보기 바란다. 이 방법은 시간이 오래 걸린다. 많은 정성과 집중력이 요구된다. 하지만 당신이 만든 세상이기에 가치 있다.

나는 이 세상에서 가장 위험한 사람은 나쁜 사람이 아니라 무지한 사람이라는 생각을 한다. 나쁜 사람은 자신 행동의 결과를 안다. 그래서 한계를 지을 수 있다. 거침없는 공간침해로 이어지는 무지한 사람은 식별력이 없어 자신이 하는 행동이 어떤 결과로 올지 모르기에 자신뿐만 아니라 주변의 여러 사람까지 힘들게 할 수 있다. 과거를 돌이켜 보면, 경계를 보는 인식이 부족해 어디서 멈추어야 하는지 갈팡질팡했다. 수련 지도를 해 주셨던 선생님은 그런 나를 어디로 튈지 모르는 럭비공이라고 불렀고, 선생님이 붙여준 별명에 함께 수련했던 도반들은 공감하는 눈치였다. 수련하면서 다차원적인 인식의 공간을 체험했다. 공간에 대한 개념을 이해하는 것은 함께 수련했던 사람들조차도 어려워하는 영역이다. 나는 이 체험을 일반 대중에게 쉽게 전달하는 방법으로 세우기 기술을 활용하고 있다. 공간이라는 4차원 적인 개념을 '자리' 개념으로 수위 조절하여 사건과 관련지어 당신에게 이야기하고 있다. 몇 년 후에는 인류의식이 성장해서 일반 대중을 대상으로도 공간에 대한 개념을 재미있게 강의할 날이 있으리라 생각한다.

〈자리는 성장자원의 보고〉

나는 진수어학원이라는 영어 학원에 다닌다. 진수어학원의 원장

박진수 강사는 하루에 만 오천 명에게 강의를 한다. 그의 독특한 교수법도 유명하지만 우리나라에서 영어를 가장 많이 가르치는 영어 왕으로 매스컴을 타고 있다. 하루에 만 오천 명의 학생에게 영어를 가르칠 수 있는 것은 BT 수업이라는 콘텐츠contents 덕분이다. BT 수업은 박진수 강사가 강의한 것 중에 가장 잘 된 강의를 엄선하여 동영상으로 학생들이 수강하는 시스템이다. 나도 역시 박진수 강사의 동영상 강의를 들으면서 영어 공부를 하고 있다. 진수어학원은 대전뿐만 아니라 전주와 대구에도 지점이 있다. 그 지점들 역시 박진수 강사의 강의를 동영상으로 공부하는 곳이다. 전주와 대구의 지점장은 모두 대전 학원에서 아르바이트로 인연을 맺은 사람들이었다. 이들은 처음에 복도에서 껌 떼는 일을 했다. 그럼에도 불구하고 학원의 성장에 도움이 될 만한 아이디어를 내었고, 박원장은 기꺼이 받아들여 학원 발전에 보태었다. 박진수 원장은 이들에게 더 큰 일을 할 수 있는 기회를 주기로 했다. 그래서 팀장이라는 자리를 만들어 정식직원으로 발령을 내었다. 그리고 박진수 원장은 이들을 그냥 지켜보았다. 팀장으로 발령 받은 첫 일주일동안은 늘 하던 대로 학원의 허드렛일을 했다. 이주 째가 되자 일을 하나씩 만들어서 하기 시작하는 것을 관찰 할 수 있었다. 지금은 전주와 대구의 학원을 관리하는 지점장이 되었다.

복도의 껌이나 떼는 시시한 일자리를 존중하는 내면의 태도가 학원을 관리할 수 있는 관리자로 성장 할 수 있는 자원으로 활용된 좋은 사례다. 현재 당신의 자리가 아무리 보잘 것 없어도 그 자리의 힘을 존중하고 그곳에서 시작하라. 그 자리가 당신을 키운다.

〈내면의 이중관계를 보는 인식의 눈 뜨기〉

당신이 리더leader라면 내면의 이중관계를 보는 인식을 훈련할 필요가 있다. 내면의 이중관계란 실제관계에 결정적인 영향을 미치는 내면의관계를 말한다. 당신에게 꼴도 보기 싫은 상사가 있다면 상사와 부하직원으로 실제관계하는 것에 어려움을 느낄 것이다. 내면에서 상사는 나쁜 사람, 당신은 착한 사람으로 관계 맺고 있거나, 상사는 가해자 당신은 피해자로 관계할 수 도 있다. 상사에 대한 이 같은 내면의 그림은 상사를 대할 때 나쁜 사람이나 가해자로 상대하게 한다. 당신의 이러한 내면관계는 상사가 당신에게 면박을 주거나, 무시당하는 사건을 불러들인다. 왜냐하면 의식이 피해자 자리에 있으면 피해당할 일을 끌어 들이기 때문이다. 검은색에 대비해서 흰색이 있듯이, 피해자로 존재하려면 가해자가 있어야한다. 이런 관계역동은 보이지 않는 내면세계의 작용이지만 당신의 인간관계에 결정적인 영향을 미친다.

갈등관계 상담을 해보면, 많은 경우 이중관계로 얽혀있는 것이 관찰된다. 내면의 얽힘이 풀려 정확하게 관계 맺지 않는 한, 당신은 상사와의 관계에서 피해당하는 느낌을 반복해서 받게 된다. 이런 관계는 부부갈등에서도 흔히 나타난다. 내면에서 배우자가 가해자로 느껴지면 구원자를 찾게 된다. 그 대상이 자녀라면, 자녀를 붙잡고 배우자를 욕하는 일이 벌어지기도 한다. 자녀는 부모갈등을 해결하기 위해 구원자로 나서는데 자녀 눈에 피해자로 보이는 부모를 편든다. 자녀는 가족 내에서 힘의 균형을 맞춰 가정이 깨지지 않게 하기 위해 자신이 해야 할 일을 포기해 가며 부모 삶에 끼어들기도 한다. 이런 가족관계 안에서 자녀의 활동은 내면에서 일어나기 때문에 겉으로는 아이가 공부를 안 하고 딴 짓하는 모습으로 비쳐지거나 속을 썩이는 것으로 느껴질 수 있다. 세우기 창시자 버트 헬링거 선생님은 '부모가 자녀를 걱정하는 것은 자기 대신 죽으라고 하는 것과 같다'는 말씀을 하신 적이 있다. 자녀문제는 거의 부부문제 아니면 부모 자신의 문제에서 오는 것을 볼 수 있기 때문이다.

가족관계가 직장 내 갈등관계와 연결된 경우도 있다. 당신이 상사의 권위를 받아들이는데 어려움이 있거나 부하직원이 당신에게 대드는 바람에 당황한 적이 있다면 내면에서 아버지를 존경하는지 점검해 보기 바란다. 우리 몸에 남성호르몬과 여성호르몬이 있듯이 모든 사람에게는 내면에 남성성과 여성성을 동시에 가지고 있다. 아버지는 남성성의 원형이다. 남성적인 힘은 아버지에게서 온다. 당신이 사회적인 성공을 원한다면 내면에서 아버지로부터 오는 생명의 힘을 온전히 받는 그림이 있으면 좋다. 세우기에서는 부모님의 자녀로서 생명의 힘을 받아들이는 내면의 태도를 훈련한다. 당신의 부모가 어떤 사람이냐는 세우기에서 말하지 않는다. 당신이 이 세상에 태어난 생명의 통로로서 부모를 받아들이면 당신은 충만한 생명력으로 세상을 향해 도전할 것이다.

세션session을 해보면, 자신의 변화에 대한 관심보다는 갈등관계에 있는 대상의 변화에 더 많은 관심을 갖는다. 하지만 아쉽게도 변화는 스스로의 몫이다. 당신이 상대방의 변화를 위해 아무리 애

써도 어떤 소득도 얻지 못할 것이다. 만약 그가 변했다면 그 것은 그 스스로의 노력에 의해 변한 것이지 당신이 변화 시킨 것은 아니다. 당신은 당신만을 변화 시킬 수 있다. 인식의 눈이 내면을 향하지 않고는 자기변화는 있을 수 없다. 대상을 향해 있던 눈을 거두어 당신의 내면의 그림을 보라. 그리고 관계 속에서 자기 자리에 있는지 점검하라.

		뒤쪽자리	오른쪽자리	왼쪽자리	앞쪽자리
가족세우기	원 가족	부모님	형, 누나	동생	
	현 가족	부모님	가족 생존에 결정적인 책임을 지는 배우자	배우자	자녀
조직세우기			상사	부하	

세우기에서는 대리인이 세워지는 자리를 통해 의뢰인의 사건에 대한 내면의 관계성을 확인한다. 오른쪽이 우위라는 것은 20여 년 동안 임상을 통해 찾아 온 통찰이다. 가족관계에서는 남편이 부인의 우선하는 자리인 오른쪽에 섰을 때 남편은 부인에게 존경받고, 부인은 남편에게 사랑받는 느낌을 갖았다. 자녀 역시 편안해 했다. 조직에서는 상사를 부하직원의 오른쪽에 세웠을 때 조직 전체가 편안해 했다. 오른쪽이 우선하는 자리가 된 것은 세우기가 만든 체계라기보다는 오른쪽과 왼쪽을 구별했던 인류의 집단의식의 반영

이 아닐까 생각해 본다. 인류의 문화사에서도 오른손을 신성시했다. 그래서 왼손잡이는 사람대접도 못 받았던 기록이 있다. 지구상에는 왼손과 구별하여 오른손으로만 밥을 먹는 민족이 있다. 고대부족국가 시절에는 전쟁 시 오른손을 가슴에 대면 항복을 상징했다. 세우기는 현상학적으로 드러난 통찰에 의해 진화해오고 있다. 세우기가 어디까지 성장할지 아무도 모른다. 세우기를 창시한 헬링거 선생님조차도 그 끝을 모르고 가기 때문이다. 모름을 신뢰하는 것이 진정한 신뢰다. 기업의 경영자들도 모름을 신뢰하고 가는 대표적인 사람들이다. 아무리 정밀한 데이터를 가져온들 어찌 미래예측에서 오는 불안을 막을 수 있을까? 보이지 않는 힘이 이끄는 곳을 향해 믿고 가는 신뢰야 말로 당신 안에 있는 거인을 깨우는 방법이다.

〈성공하려면 내면의 자리부터 인식하라〉

예전에는 밥 먹자고 해서 만나면 상담실에서 나눌만한 이야기를 꺼내 식당을 상담실로 만들어버리는 사람이 종종 있었다. 즐거운 식사시간을 심각한 갈등관계를 반찬삼아 먹는 밥이 코로 들어가는지, 입으로 들어가는지 모를 정도다. 지금은 밥 먹자고 해서 만나면 맛있게 밥을 먹는다. 상대방이 어떤 말을 해도 나는 그 자리를 상담실로 만들지 않는다. 이처럼 물리적인 공간은 언제나 내면의 공간에 의해 용도가 바뀔 수 있다.

사람들과 밥을 먹는 것은 함께하는 자리를 만드는 것이다. 사람들과 술을 마시는 것도 함께 하는 자리를 만드는 것이다. 알고 보면 사람들은 함께하는 자리를 만들기 위해 밥을 먹고, 술을 마신다.

당신이 돈을 벌기위해, 혹은 일을 하기위해서는 고객이든, 직원이든, 동업자든 함께 할 사람이 필요하다. 함께할 사람을 만들려면 먼저 자리가 있어야 한다. 특히, 내면에서 자리가 있어야 자리에 적합한 사람이 눈에 들어온다. 그 사람이 그 자리의 주인으로 가면 자리 값을 올린다.

선거 때가 되면, 출마자들이 '유권자를 대하는 내면의 태도'에 대한 상담을 의뢰한다. 출마자 내면의 그림을 통해 보는 유권자는 출마자가 인식하는 것과 달라서 출마자를 깜짝 놀라게 한다. 어떤 출마자는 내면에서 털어서 먼지 하나 안 나오게 살았다는 것을 내세운다. 어떤 출마자는 가난한 집안에서 태어나 홀어머니 모시고 고학해서 입신출세 했다는 것을 강조한다. 하지만 유권자는 출마자의 청렴결백이나 성실한 인품보다는 유권자 자신의 이득을 위해 봉사할 태도가 되어 있는 사람에 더 많이 끌린다는 것을 보게 된다. 어떤 출마자는 선거운동원들이나 지역의 당원들이 자발적으로 열심히 일하고 이왕이면 후원을 할 수 있도록 하는 것과 관련하여 세션session을 한 적이 있다. 세션session 후 모든 당원의 간부화를 외치며 당원들에게 위원장 자리와 ·직함을 새긴 명함을 선물하였다. 명함을 받은 지역의 유지들은 고액의 후원금을 기부하였다는 후문을 들었다. 명예를 원하는 당원들에게 감투를 씌어 명함까지 파서 돌린 후 후원금을 받은 출마자는 자리를 명시적으로 만들어 누구나 동감할 수 있도록 한 사례다.

〈공간에서 함께 일하기〉

　자리에는 3층이 있다. 모셔지는 자리, 공간에서 함께 하는 자리, 지지 밟히는 자리 가 그것이다. 당신의 부하직원들이 당신을 모시어야 된다는 의식이 있다면. 조심하길 바란다. 언제가 밟히는 경험을 하게 된다. 반대로 무시당하는 감정 때문에게 괴롭다면 당신은 공간에서 함께 일하는지를 점검하길 바란다. 함께 일하는 사람은 잘 듣는다. 그리고 소통을 잘 한다. 만약에 당신이 말 했을 때 상대방이 듣지 않는다면 상대방이 당신의 말을 들을 공간이 만들어졌을 때 말 했는가 점검하길 바란다. 많은 경우 상대방이 들을 준비가 되지 않았을 때 말하고는 무시당했다고 기분 나빠한다. 교감할 수 있는 공간이 형성되고 소통해야한다. 이것이 공간에서 함께 일하는 방법이다. 들을 준비가 되었는지 어떻게 알 수 있냐는 질문을 한다. 함께 대화 하고 싶은 상대가 있다면 그와 마주 했을 때 잠시 침묵하는 시간을 가져보길 바란다. 차를 따르는 시간도 좋다. 침묵의 시간이 공간을 만들어준다.

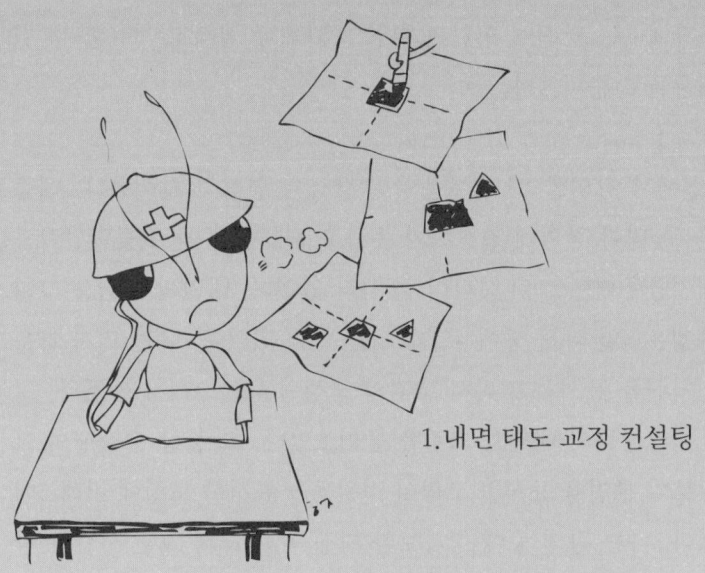

1.내면 태도 교정 컨설팅

Ⅱ 조직세우기 적용

이 장에서는 당신이 인간관계나 일 관계에 실제로 적용할 수 있는 내용들로 준비했다.

기업에서 강의할 때 대부분의 수강생은 열심히 참여한다. 대중에 한 두 명이 강의에 집중하지 못하고 핸드폰을 들고 들락날락하는데 지난주에도 그런 사람이 한 사람 있었다. 내면의 그림을 그리는 과정은 5일 과정 중에 4일째 되는 날에 있었다. 나는 먼저 가운데에 자신을 표시하고 나서 조직의 구성원들을 그리라고 했다. 그리고 수강생들의 내면의 그림을 둘러보았다. 그 불량 수강생의 그림을 보니 본인을 표시한 도형이 직원들을 표시한 도형에 비해 5배는 컸다. 나는 강의 중에 상사보다 자신을 더 크게 그린 사람은 상사를 존경하는 마음이 있는지 내면을 느껴 보라고 했다. 그리고 자리에 비해 주인이 크다는 것은 거품으로 부풀어진 내면의 태도를 표현했을 가능성이 있다고 언급했다. 그 시간 이후 그는 자리를 뜨지 않았다. 5일째 되는 날 마지막 나눔 시간에 그는 자신의 도형이 상사보다 훨씬 커서 깜짝 놀랐다고 했다. 그러지 않아도 상사와 갈등이 있어서 3개월째 말을 안 하고 지내서 무척 불편했다고 한다. 그런데 자신의 그림을 보고는 문제가 본인에게 있다는 생각이 들었다고 했다. 자신을 돌이켜 보던 날 저녁에 회식이 있다는 연락을 받고 마음을 풀 겸해서 얼른 갔다고 했다. 부풀어져 있던 자신의 그림을 기억하면서 술집에서 자신을 작게 만들고 앉아 있으니깐 상사가 편해지더라는 말을 했다. 바빠서 3일짜리 교육에 보내달라고 했더니 5일짜리 교육으로 보내서 짜증났었는데 그나마 이렇게 깨닫고 가게 되어서 천만다행이라며 나에게 고맙다고 했다.

관계에 대한 내면의 그림을 인식하는 것은 관계를 이해하는데 아주 중요하다. 당신이 갈등관계에 있는 사람이 있다면 아마도 당신과 보색을 칠했을지 모르겠다. 또, 갈등관계에 있는 사람이 상사를 그렸다면 사례의 교육생처럼 당신의 도형이 상사를 표시한 도형보다 훨씬 큰 것을 발견할 수 있다. 단지 도형으로 표시했을 뿐인데도 불구하고 내면의 그림은 당신의 인간관계에 대해 많은 힌트를 제공한다.

1. 내면 태도 교정 컨설팅

(1) 내면의 그림 미리보기

1. 손 그림으로 끼적끼적 그려 주세요.

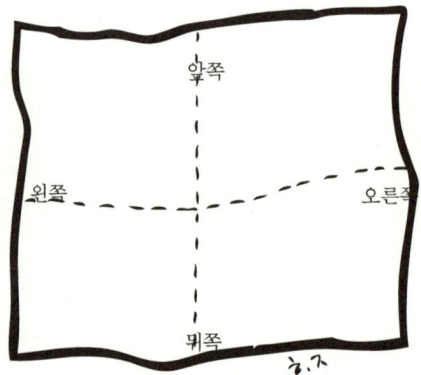

2. +중앙에 주인공인 당신을 표시 합니다. 여자는 동그라미, 남자는 네모로 표시 하세요. 도형은 식별하기 위해 하는 것이지 별 다른 의미는 없습니다.

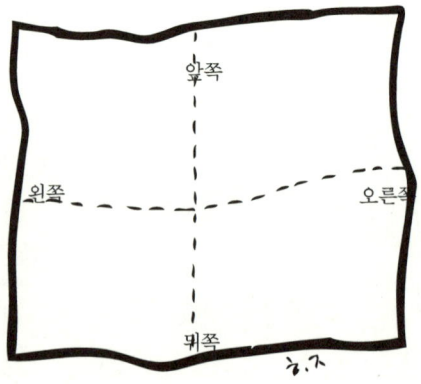

3. 내면의 그림 그려 보기

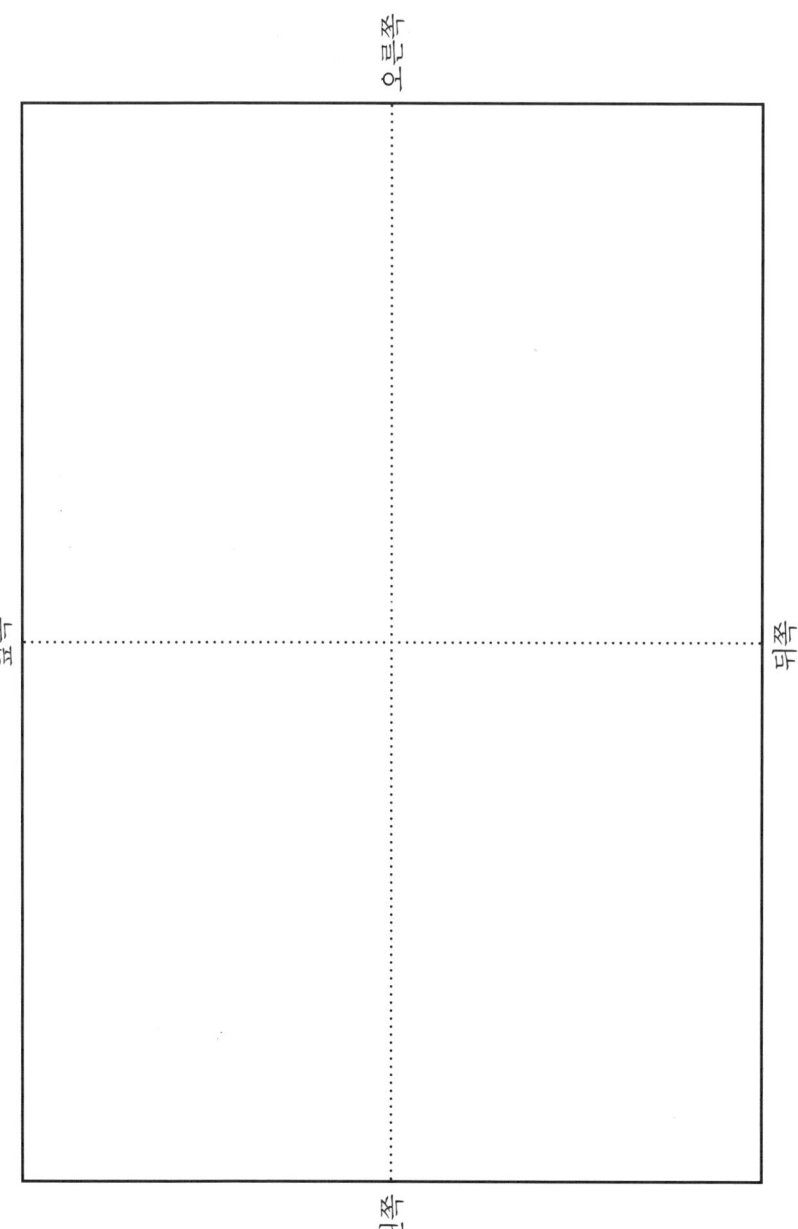

오른쪽

앞쪽

뒤쪽

왼쪽

4. 관계된 자리를 건설부장이 했던 것처럼 표시해 봅니다. 표시할 때는 당신을 중심으로 오른쪽 자리의 공간을 느껴 보시고, 왼쪽 자리의 공간을 느껴 보시고, 앞쪽 자리의 공간을 느껴 보시고, 뒤쪽 자리의 공간을 느껴 보시고 나서 가능하면 선 위에 그리세요. 관계성을 보기 위해서는 공간에 대리인을 세워야 하지만 세션session 경험이 없는 당신에게는 어렵게 느껴질 수 있습니다. 그러니 처음엔 도식적으로 접근해 보시고 기회되실 때 워크숍에 참여하시기 바랍니다.

		뒤쪽자리	오른쪽자리	왼쪽자리	앞쪽자리
가족세우기	원 가족	부모님	형, 누나	동생	
	현 가족	부모님	가족 생존에 결정적인 책임을 지는 배우자	배우자	자녀
조직세우기			상사	부하	

가족 세우기에서 원 가족이란 결혼 전 가족을 말한다. 이를테면 낳아준 부모, 형제, 자매를 말한다. 현 가족이란 결혼 후 가족을 말한다. 배우자와 자녀를 말한다. 세우기에서 오른쪽은 우위다. 왼쪽은 열위다. 임상에서 가족의 생계를 책임지고 있는 가장인 남자 배우자가 오른쪽에 자리하고 여자 배우자가 왼쪽에 자리할 때 가족 모두가 편안해한다. 때때로 부모님 중에 어머니를 오른쪽에 세우는 의뢰인이 있는데 이 경우는 아버지가 안 계셨거나 어머니가 생계 책임을 지었을 경우가 대부분이다. 요즘은 맞벌이 부부가 많아 가족의 생계를 공동책임지는데 남편이 부인의 오른쪽에, 부인은 남편의 왼편에 존재할 때 가족 전체가 편안해한다.

조직 세우기에서도 서열에 맞는 자기 자리에 있을 때 조직체와 조직체에 속해있는 구성원들이 조화를 이루고 편안해한다.

※ 이 작업은 내면의 그림임을 잊지 말기 바란다. 간혹, 내면의 그림을 현상에서 일어나는 상황으로 착각하는 경우가 있다. 조직에서 일어나는 현상들에 대해 당신이 내면에서 그렇게 보고 있다는 것이다. 다른 사람은 다르게 볼 수 있다. 똑 같은 현상을 사람들은 다르게 볼 수 있다. 중요한 것은 당신의 인식이다. 왜냐하면 당신의 인식이 당신의 관계를 결정하기 때문이다. 내면의 그림이 어떠냐에 따라 관계 태도가 달라진다. 상황이 바뀌기를 바란다면 당신의 내면에서 어떤 관계를 하고 있는지 먼저 인식하기 바란다.

(2) 내면의 그림 알아보기

1. 내면의 그림에 그려진 도형의 위치가 서열상 맞는지 체크한다.
2. 제외된 구성원 없이 모두 존재하는지 체크한다.
3. 구성원간의 조절균형이 깨져 서열상 위치가 왜곡되었는지 체크한다.
4. 도형의 색깔로 관계에 대한 내면의 감정을 체크한다.
5. 도형의 크기로 관계 속에서 자기 자리의 주인으로 겸손하게 존재하는지 체크한다.

		조직세우기 내면의 그림 체크 포인트
1	서열 원칙	첫 번째 조직체에서 기능적으로 누가 (혹은 어느 조직이) 더 우위에 있는가?
		두 번째 조직체에 누가 먼저 가담했는가?
		세 번째 조직체에서 누가 더 나이가 많은가?
2	소속원칙	조직체가 지금 여기에 존재하게 된 배경이었던, 과거의 좋았던, 나빴던 모든 사건과 그 일에 관계된 사람들, 지금은 퇴직한 구성원들, 현재를 존재하게 하는 과거의 모든 것과 현재에 있는 모든 것이 제외되지 않고 존중되는가? 설사, 부정적인 영향을 미치는 사람이나 관행도 존재하는 그 대로 내면에서 존중되어지고 있는가? 나쁜 것이라고 평가한 것이 빠져있지 않은가 점검해 본다.
3	조절원칙	받아야 될 것 같은 느낌이 든다던가, 뭔가 줘야 될 것 같은 의무감이 있는가? 있다면 누구(어디)에게 얼마큼인가?
4	도형의 색깔	당신을 중심으로 서로 같은 계열인 사람과 보색계열인 사람의 관계를 본다. 갈등관계에 있는 사람은 보색 계열을 사용하고 같은 계열의 사람은 원활한 관계로 나타나는 경우가 많다.
5	도형의 크기	당신을 표현한 도형의 크기가 다른 사람에 비해 유난히 크다면 거품으로 부풀어져 있는지 내면을 보기 바란다.

(3) 내면의 그림 다시보기

1. 종이에 +표시를 하세요.

2. +중앙에 주인공인 당신을 표시 합니다. 여자는 동그라미,
   남자는 네모로 표시 하시고 느껴 봅니다.

3. 관계된 자리를 다시 표시 해 봅니다. 미리 보기와 어떻게
   다른지 비교 해 봅니다.

비교한 내용을 카페에 올려주시고 궁금한 점이나 이해가 어려운
점을 올려 주세요.

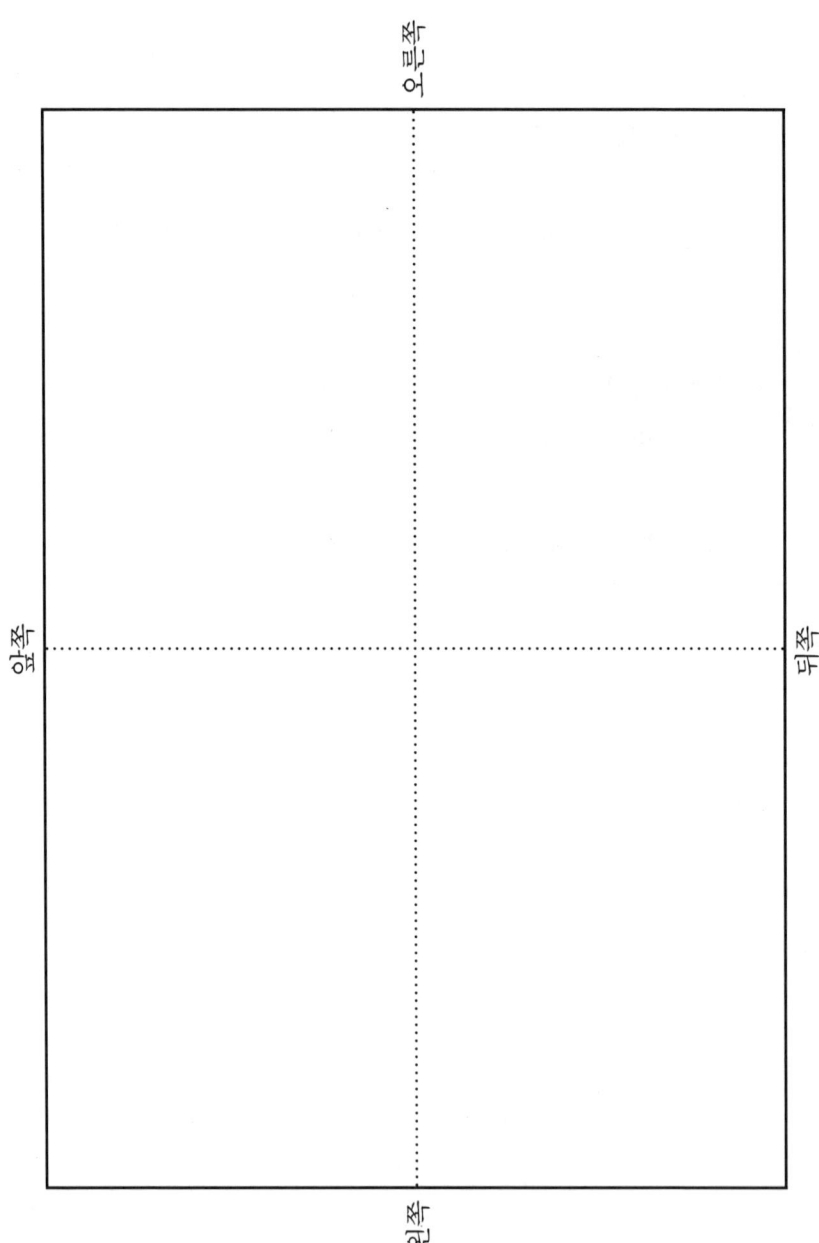

오른쪽

앞쪽

뒤쪽

왼쪽

갈등관계에 있는 사람과 매일 부딪쳐야 하는 것처럼 괴로운 일은 없다. 물론, 본질적인 관계 개선을 위한 노력을 해야겠지만 집합체로 보는 노력만으로도 상대방을 무시하거나 하찮게 여겨지는 감정을 개선 할 수 있다.

상대방이 무시될 만큼 우습게 보일 때는 그 사람 뒤에 그의 부모를 세우고 부모 뒤에 할머니 할아버지 4분을 세워서 보기 바란다. 당신이 무시하는 그 사람이 귀속된 가족집합체로 보는 훈련은 상대방이 만만하게 보이는 것을 예방하고 억지스럽지만 존중할 수밖에 없는 인식 구조를 갖게 한다. 어떤 경우 볼 때마다 짜증이나 화가 나는 사람이 있다. 이 경우도 집합체로 보기 바란다. 화가 나는이유는 그 사람을 고쳐주려는 의도가 있어서 그렇다. 누가 누구를고쳐줄 수 있단 말인가! 그는 가족의 집단 양심 안에서 자유롭지 못한 개체이거늘……. 당신이 화가 나는 것은 고쳐주고 싶은데 고칠 수 없는 자신의 무능감에서 오는 감정이다.

우리에게는 상상력이 있다. 상상력을 활용하여 있는 그대로 존중하는 연습을 하면 관계가 좋아진다.

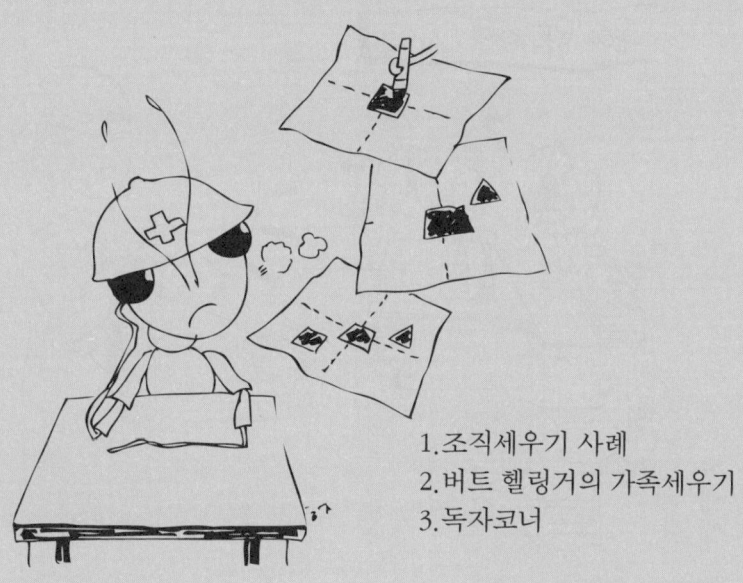

||| 부록

1. 조직세우기 사례

★리더십 편 - 직원들과 소통이 안 됩니다

이슈issue _ 직원들이 내 말을 듣지 않아 곤욕스럽습니다.

●이슈issue의 배경

나는 작은 기업을 경영하고 있습니다. 관리자라고 해봤자 모두 합쳐 열 명도 안되는 작은 회사인데도 의사소통이 안되서 한 번에 끝낼 일을 두 세 번씩 손가게 하고 일에 책임지는 사람이 없습니다. 문제가 생기면 머리를 맞대고 대책을 논의하는 것이 아니라 서로 책임을 떠넘기고 자기에게 불똥이 튈까봐 서로 경계하는 바람에 사무실 분위기가 싸늘합니다. 분위기 쇄신을 해보려고 능력 있는 신입사원을 뽑았지만 금방 퇴사해 버리고 도전하는 직원들을 적극 밀어주고 싶어도 조금 움직이다 말아버려 일할 사람이 없습니다. 이런 조직 문화를 해결해 보려고 의사결정 할 때 마다 관리자들의 의견을 수렴하기 위해 원탁회의를 하고 있으며 어떤 결정이든 관리자들의 생각을 반영해서 하고 있는데도 불구하고 개선 가능성이 보이질 않습니다.

컨설턴트 _ 관리자 대리인들을 세우고 형태장 안에 흐르는 관계성을 관찰해 보겠습니다.

● **의뢰인내면의 그림**

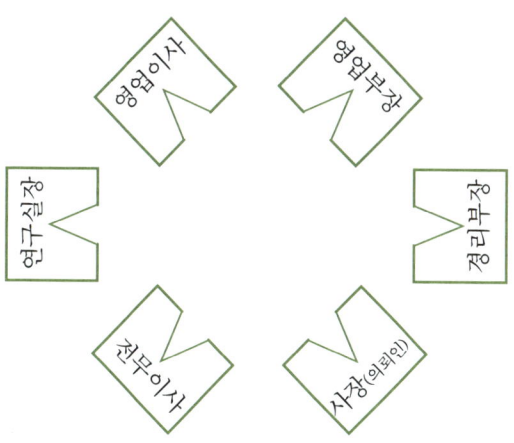

의뢰인은 원탁회의 할 때처럼 대리인들을 동그랗게 세웠다. 전무이사 대리인이 답답한지 가슴을 두드리면서 한 숨을 몰아쉰다. 나머지 대리인들은 서로 눈치를 보기도 하고 멀뚱멀뚱 먼 곳을 쳐다보기도 한다.

컨설턴트 _ (모든 대리인 자들에게) 어떻습니까? 서로 교류하는 느낌 입니까?

대리인들 _ (머리를 좌우로 돌리며) 아니오.

컨설턴트 _ (의뢰인에게) '일'을 세워 보세요.

● **의뢰인내면의 그림**

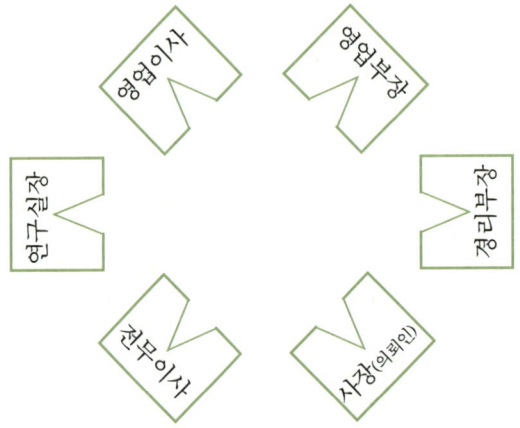

의뢰인이 참여자 중에서 일 대역을 서줄 대리인 한 사람을 선택해 관리자들의 원 안에 세운다. 일 대리인이 빙글 빙글 돌더니 주저앉는다.

컨설턴트 _ ('일' 대리인에게) 어떻습니까?

일대리인 _답답하고 다리에 힘이 없습니다. 어디로 향해야 할지 모르겠습니다.

컨설턴트 _ (의뢰인에게) 평소 답답하십니까?

의뢰인 _ 네. 요즘 들어 답답한 느낌이 더 심해졌습니다.

컨설턴트 _ "내면의 자리를 바꿔 보겠습니다." (의뢰인에게) 회사에서 기능적으로 가장 중요한 위치에 있는 사람부터 서열에 맞춰 세워 보겠습니다.

의뢰인 _ 제가 사장이기는 해도 자금은 전무이사가 가장 많이 투자를 했습니다. 그 다음이 저였고 영업이사 순서입니다.

컨설턴트 _ 회사의 법적 책임은 누가 집니까?
의뢰인 _ 제가 집니다.

● **내면의 자리 교정**

컨설턴트가 대리인들의 자리를 바꿈으로서 개입한다. 의뢰인인 사장 왼편으로 직급별 서열에 맞춰 횡렬로 대리인을 세운다.

컨설턴트 _(대리인들에게) 자리를 바꾸니까 어떠세요?

컨설턴트 _ (모두) 훨씬 편안합니다.

● **내면의 자리 교정**

컨설턴트가 맞은편에 '일'을 세우고 역동을 관찰한다. 전무이사 대리인이 의뢰인을 굳은 표정으로 쳐다본다. 의뢰인 대역을 선 대리인이 전무이사 대리인의 눈치를 본다. 전무이사 대리인이 뒷짐을 지고 의뢰인 대리인에게 일에게 가라는 듯 턱으로 지시를 한다. 일 대리인은 팔짱을 끼고 관리자들을 훑어보는 모습이 무척 깔보고 무시하는 태도다.

컨설턴트 _ 전무이사와의 관계가 어떻습니까?

의뢰인 _ 제가 대표이사이긴 한데 창업 당시 자금은 전무이사가 제일 많이 투자했습니다. 아직도 연구에 더 많은 투자를 해야 하기 때문에 벌어도 손에 들어오는 돈은 없습니다. 지속적인 투자와 도전이 필요한 시점이고 불확실한 가운데 일을 하고 있습니다. 전무이사는 이런 상황이 불안한지 일이 실패했을 때 어떻게 할거냐고 저에게 다그칠 때가 종종 있습니다. 그럴 때마다 맥이 풀립니다.

컨설턴트는 의뢰인을 전무이사 대리인 앞으로 직접 서게 한다. 그러고 나서 전무이사 대리인과 눈을 마주보게 한다. 의뢰인이 전무이사 대리인을 똑 바로 보는 것을 어려워한다. 의뢰인의 전무이사 대리인에 대한 어정쩡한 모습을 보면서 컨설턴트가 말한다.

컨설턴트 _ 내면에서 정확한 관계를 맺고 있으면 마주 보는 것이 편안 합니다. 내면에서 관계가 정확해야 서로 소통 됩니다. 정확한 관계를 말로 표현하겠습니다. 전무이사와 마주 보시고 말씀하세요. "전무이사님! 대표이사로서 법적인 책임은 제가 집니다. 우리 회사 투자자로서 금전적 책임은 당신이 가장 많이 부담합니다. 사업을 하면서 어떤 일이 일어나든, 저는 당신을 사업 파트너로서 존경합니다."

의뢰인 _ "전무이사님! 대표이사로서 법적인 책임은 제가 집니다. 투자자로서 금전적 책임은 당신이 가장 많이 부담합니다. 사업을 하면서 어떤 일이 일어나든, 저는 당신을 사업 파트너로서 존경합니다."

컨설턴트 _ (의뢰인에게) 어떻습니까? 내면에서 변화가 있습니까?

의뢰인 _ 이제 눈을 마주 볼 수 있는 힘이 생깁니다.

컨설턴트 _ (전무이사 대리인에게) 어떻습니까? 내면에서 변화가 있습니까?

전무이사 대리인 _ '사장이 일을 제대로 하겠나.' 하는 염려가 느껴졌는데 지금은 믿음직스럽습니다.

의뢰인과 컨설턴트가 제 자리로 돌아가고 대리인들의 역동을 관찰한다. 일 대리인이 팔짱을 풀고 관리자 대리인들을 살펴본다. 관리자 대리인들이 진지해진 표정으로 일을 향해 모두 차렷 자세를 하고 있다. 영업이사 대리인 이 허리까지 깊게 숙이면서 '일'대리인을 향해 인사를 한다. 연구실장, 경리부장, 영업부장 대리인들도 따라서 허리를 90도로 숙인다. 전무이사 대리인 은 사장 대리인이 인사하는 것을 보고 나서야 인사한다.

컨설턴트 _ (의뢰인에게) 저 모습을 보면서 인식되는 것이 무엇입니까?

의뢰인 _ 전무이사가 거북스럽습니다. 직위는 전무지만 제 위에 있는 것 같습니다. 제가 지시를 받고 있는 것 같습니다.

컨설턴트 _ 실제로 전무이사의 지시를 받고 있습니까?

의뢰인 _ 그렇지는 않습니다.

컨설턴트 _ 실제로는 그렇지 않은데 정서적으로 전무이사의 지시를 받고 있는 느낌이 듭니까?

의뢰인 _ 그런 것 같습니다. 제가 전무이사 눈치를 봅니다.

컨설턴트 _ 그럼 내면의 자리 교정해 보겠습니다.

●내면의 자리 교정

사장 대리인과 전무이사 대리인의 자리를 바꾼다. 사장 대리인 오른 편에 전무이사 대리인이 서자 의뢰인과 그의 대리인이 동시에 한숨을 깊게 쉰다. 사장 대리인 표정이 훨씬 편안해 보인다.

컨설턴트 _ (의뢰인과 전무이사 대리인에게) 어떠세요?

전무이사 대리인 _ 전무이사가 오른쪽에 있으니까 든든합니다. 아까보다 힘이 생깁니다.

컨설턴트 _ 보통은 대표이사가 우위에 있을 때 힘이 흐르는데 의뢰인은 조금 다른 양상을 보입니다. 조직 구성원들과 일이 어떻게 반응하는지 관찰하겠습니다.

● 내면의 자리 교정

전무이사 대리인이 왼쪽에 서 있는 관리자 대리인들을 살펴본다. 모든 관리자들이 전무이사와 눈을 맞춘다. 전무이사 대리인의 눈 짓 한 번에 모두 차렷 자세를 취한다. 정렬된 모습으로 일을 향해 90도로 허리를 숙인다. 삐딱하게 섰던 일 대리인이 관리자 대리인들을 향해 마주선다. 만족스러운지 얼굴에 미소를 지으며 전무이사 대리인의 오른쪽으로 이동한다. 전무이사 대리인이 오른쪽에 선 일 대리인을 반기며 서로 눈을 맞춘다. 다른 대리인 들도 기분 좋은 표정을 짓고 있다.

컨설턴트 _ (모든 대리인 자들에게) 어떻습니까?

대리인들 _(모두 얼굴에 미소를 지으며) 좋습니다.

컨설턴트 _ (의뢰인에게) 요즘 들어 답답한 느낌이 더 강해졌다고 하셨는데 지금도 그런 느낌이 있습니까?

의뢰인 _ 없습니다. 편해졌습니다.

● 의뢰인의 피드백

전무이사가 제게 뭐라고 한 적은 없습니다. 그렇지만 항상 신경 쓰였습니다. 이유는 모르겠습니다. 존중 받지 못한 느낌도 있었고요. 지금 생각해 보니 제가 전무이사를 무식한 졸부라고 무시했던 것 같습니다. 전무이사는 농사를 짓던 사람이었습니다. 농지가 개발되면서 땅값이 올라 엄청난 부자가 되었지요. 게다가 심심풀이로 시작했던 장사가 잘 되어서 지금도 돈을 많이 벌고 있습니다. 그런데 우리 사업은 지속적인 투자에 비해 결과가 더디게 나오다 보니 조바심이 나서인지 회의를 할 때면 일은 뒷전이고 돈부터 따지고 다그치는 바람에 회의가 뒤로 갈 때가 종종 있습니다. 우리 모두 돈을 벌기 위해 일하고 있기 때문에 그것에 유감을 가지고 있지 않다고 생각했는데 속으로 제기 전무이사를 돈 밖에 모르는 속물이라고 생각했던 것 같습니다. 어떤 면에서 전무이사는 저 보다 훨씬 용감한 면이 있습니다. 저도 속으로는 속물인데 그런 모습을 밖으로 드러내지는 못합니다. 전무이사가 오른쪽에 서니까 제가 행동대장이 된 느낌입니다. 돈이 좋긴 합니다. 돈 줄을 쥐고 있는 사람이 사장보다 우위에 있으니 말입니다. 법적인 책임보다 돈에 대한 책임이 우위에 있습니까?

컨설턴트 _ 사람마다 다릅니다. 의뢰인의 이슈issue에서는 법적인 책임보다 돈이 우위에서 영향을 미치고 있는 것을 의뢰인 내면의 상을 통해 관찰할 수 있었습니다. 의뢰인에게 돈이 무엇을 상징하는지는 한 차원 더 깊게 세션session을 할 수 있지만 이번 세션session에서는 직원과의 관계를 의뢰 하셨기에 관계만을 가지고 작업합니다.

대리인들을 통해서 보여 진 전무이사를 포함한 직원들의 모습은 의뢰인이 직원들을 보는 인식의 그림입니다. 이 그림이 사실이라고 생각하지 마십시오. 직원들이 와서 세션session을 한다면 그림이 다르게 나올 겁니다. 한 조직 안에 있어도 조직체나 조직 구성원들에 대한 그림은 개인마다 모두 다릅니다. 같을 수 없습니다. 다른 것이 정상입니다. 조직 안에서 자리가 다르기 때문에 그림이 다를 수 밖에 없습니다.

대리인을 통해 보여 진 역동은 의뢰인이 인식하는 직원들의 일에 대한 태도입니다. 의뢰인이 전무이사를 돈을 따지는 사람으로 보고 있는 것이지, 전무이사가 실제로 돈을 따지는 사람인지 어떤지는 전무이사를 관계 하는 사람마다 다릅니다. 중요한 것은 의뢰인이 전무이사와의 관계 속에서 그렇게 느끼고 있다는 것입니다. 전무이사에 대한 의뢰인의 그림이 전무이사와의 관계에 어떤 영향을 미치고 있는가를 통찰하여야 합니다. "제가 전무이사를 무식한 졸부라고 무시했던 것 같습니다." 라고 의뢰인께서는 이미 말씀 하셨습니다.

서로 정확하게 관계 맺는다는 것은 돈을 벌기위해 관계를 맺었다면 돈을 벌기 위한 내면의 관계가 먼저 맺어져야 현상에서 그런 관계가 형성된다는 것입니다. 직원들이 의뢰인의 말을 듣지 않아 곤욕스럽다는 이슈issue와 관련하여 직원들과 소통하는 내면의 상은 어떤 그림인지를 인식할 필요가 있습니다. 의뢰인의 동그랗게 서로 마주보는 내면의 그림은 세션session에서 보았듯이 소통하는 그림이 아닙니다.

일을 하기 위한 조직인데 일이 설 자리가 없지 않습니까? 그래서 제가 개입해서 서열에 맞춰서 자리를 바꿨습니다. 기업조직에서는 대표이사가 가장 우위에 있는데 의뢰인의 경우는 돈 줄인 전무이사가 가장 우위에 있을 때 조직이 서로 화합하는 것으로 관찰되어어졌습니다. 전무이사가 돈줄 이라는 것도 의뢰인의 인식입니다.

● 컨설턴트의 피드백

자기 자리의 권위를 쓰지 않는 것도 오만입니다. 원탁회의는 모든 회의에 적용할 필요는 없습니다. 필요한 때에만 하면 됩니다. 회사의 일 중에는 사장이 혼자서 결정을 내려야만 하는 일들이 많습니다. 한사람이 결정해야 할 것들을 일일이 회의를 해서 결론을 낼 때 소요되는 시간이나 에너지는 낭비입니다. 자기 자리의 힘을 쓰는 것이 겸손입니다. 자기 자리의 힘을 쓰지 않는 것은 자신을 업신여기는 것과 같습니다. 사장의 권위가 직원들과 고객을 위한 봉사를 위해서 쓰이고 있다는 확신이 들 때 직원들은 그러한 사장의 권위에 기꺼이 고개 숙입니다. 그래야 사장의 권위가 유지됩니다.

★인간관계 편 - 직장에서 왕따 당하고 있어요.

이슈issue _ 사무실에서 후배들에게 왕따 당하고 있습니다.

● 이슈issue의 배경

우리 사무실에는 여직원이 저를 포함해서 4명 있습니다. 제가 제일 고참이고 열 살 이상 어린 까마득한 후배 셋이서 뭉쳐 다니며 저를 은근히 왕따 시키는 바람에 아침에 출근하기가 싫습니다. 이 세 명의 까칠이 자매들은 커피도 자기들것만 타오고 제 것은 쏙 빼놓습니다. 점심시간에도 자기들끼리만 식사하러 가는 바람에 저는 남자직원들과 식사하는 일이 잦습니다. 한참 어린 후배들 때문에 마음이 상하는 것도 자존심 상하고 한편으로 생각하면 유치해서 내가 이 정도 밖에 안 되나 하는 생각에 한심스럽습니다. 요즘은 회사에 그만 다니고 싶습니다.

컨설턴트 _ 의뢰인께서 회사를 그만두는 결정을 할 만큼 직장 후배들이 의뢰인에게 중요한 사람입니까?

의뢰인 _ 네?

컨설턴트 _ 일단, 여직원들을 세우고 형태장 안에 흐르는 관계성을 봅시다.

● **의뢰인 내면의 그림**

선배인 의뢰인 대리인 오른쪽으로 세 명의 후배를 나란히 세운다. 의뢰인 대리인은 후배 대리인들과 한 사람 설 수 있는 정도의 거리를 두고 떨어져있다. 의뢰인 대리인은 왼쪽 45도 방향을 향해 멍하니 서 있다. 세 후배는 나란히 앞을 향해 서 있긴 해도 두리번거리는 등 시선이 산만해 보인다.

컨설턴트 _ (의뢰인에게) 혼자서 다른 곳을 향해 있으시네요. 뭐 하는 것 같습니까?

의뢰인 _ 잘 모르겠네요. 정신 나간 사람 같아 보여요.

컨설턴트 _ (의뢰인 대리인에게) 어떠세요?

의뢰인 대리인자 _ 기운이 없습니다. 온몸에 수분이 빠져 나가는 것 같습니다.

컨설턴트 _ 자리를 바꿔보겠습니다. 4분 중에 기능적으로 가장 중요한 일을 하는 분이 누구 입니까?

의뢰인 _ 우열을 식별하기가 어렵습니다.

컨설턴트 _ 그럼 조직에 들어온 순서는 어떻습니까?

의뢰인 _ 제가 첫 번째이고 후배3이 두 번째 후배2가 세 번째 후배3이 네 번째입니다.

● **내면의 자리교정**

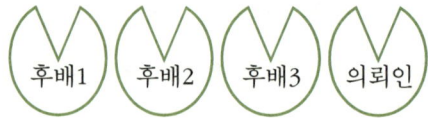

컨설턴트 _ (대리인 자들에게) 자리를 바꾸니까 어떠세요?

대리인들 _ (모두) 한결 편해 졌습니다.

컨설턴트 _ (의뢰인에게) 부서 안에 또 누가 있습니까?

의뢰인 _ 남자 후배 한명과 팀장님, 센터장님이 계십니다.

● 내면의 자리교정

| 후배1 | 후배2 | 후배3 | 후배1 | 의뢰인 | 팀장 | 센터장 |

컨설턴트 _ (대리인 자 모두에게) 어떻습니까?

대리인들 _ (고개를 끄덕이며) 편안합니다.

의뢰인을 대역하는 대리인을 들여보내고 의뢰인을 직접 장 안으로 들여 보낸다. 처음 의뢰인 자리에 앉으면서 이슈issue를 이야기 할 때는 소금에 절인 배추 표정이었는데 언뜻 보기에도 한결 당당해 보인다.

컨설턴트 _ 지금도 후배들이 까칠하게 보입니까?

의뢰인 _ 아뇨, 사랑스럽습니다.

● 의뢰인의 피드백
세션session 전에는 후배들이 거칠고 크게 느껴졌습니다. 그래서 감당하기 버거웠는데 지금은 작게 보입니다. 진짜 후배로 보입니다. 상관이 제 오른쪽에 계시니까 든든하네요.

● 컨설턴트의 피드백
내면의 그림이 바뀌면 현상이 바뀝니다.

★인간관계 편 - 상사가 우습게 보입니다

· 이슈issue _ 윗분들 하는 일이 우습게 보입니다.

●이슈issue의 배경

저는 사회복지사 입니다. 사기업private enterprise처럼 이익을 내
야하면서 동시에 사회 사업을 해야 하는 특성을 가지고 기업에서
일하고 있습니다. 그런데 회사가 사회 사업 보다는 이익 사업에 치
우쳐 지는 것 같아 윗분들의 의사결정을 존중하는 것이 아니라 자
꾸 따지는 일이 반복되고 있어 힘듭니다.

컨설턴트 _ 무슨 일이 있었습니까?

의뢰인 _ 회사에서 하는 사업 중에 저소득 여성을 상대로 일자리를 창출하여 생계를 돌보게 하는 사업이 있습니다. 그 중 하나가 간병인 알선과 교육 사업인데 연세가 예순이 넘었다는 이유로 재계약을 하지 않았습니다. 제 생각엔 나이와 상관없이 그 분들은 일을 해야 생계를 유지 할 수 있는 분들인데, 아직 건강하고 일 할 수 있는 능력이 되는데도 불구하고 일자리를 주지 않는다면 우리 회사와 인력 알선업체와 뭐가 다르냐는 생각이 들어 윗분들의 결정에 화가 납니다. 사회에서 약자를 돕기 위해 사회복지사가 존재하는 건데 그 역할이 미약해 지는 것 같아 사회복지사로서 이 회사를 계속 다녀야 하나 하는 회의감이 듭니다.

컨설턴트 _ 조직을 세우고 형태장 안에 흐르는 관계성을 봅시다.

● **의뢰인 내면의 그림**

의뢰인을 중심으로 오른쪽에 창업주가 있고 왼쪽으로 부장과 후배들 대리인 자들을 세운다.

컨설턴트 _ 의뢰인은 직위가 어떻게 됩니까?

의뢰인 _ 저는 팀장입니다.

컨설턴트 _ 팀장이 부장보다 더 높습니까?

의뢰인 _ 부장이 더 높습니다.

컨설턴트 _ (의뢰인 대리인 자에게) 그 자리가 편하세요?

의뢰인 대리인자 _ 그냥 그렇습니다. 아무느낌 없습니다.
부장 대리인자 _ 전 불편합니다. 의뢰인이 껄끄럽습니다.

컨설턴트 _ 부장님과 무슨 일이 있었습니까? 의뢰인께서 부장님
위에 계시네요.

의뢰인 _ 부장님은 입사한지 얼마 안 됩니다. 한 달 전에는 회식
자리에서 부장님이 저 때문에 그만 두겠다고 울었습니다. 제가 하
는 일 중엔 교육 프로그램을 만드는 일이 있는데 저는 주로 마음
의 상처를 치료하는 것 같이 보이지 않는 세계를 중요하게 여기는
데 부장님은 행정적으로 서류화할 수 있는 프로그램을 하라고 해
서 갈등이 많습니다. 전에 함께 일한 부장님과 너무 달라서 비교도
되고 저도 힘듭니다. 예전 부장님은 제 의견과 제가 올리는 제안서
를 그대로 받아들였는데 새로 오신 부장님은 그렇지 않습니다. 완

전 군인 스타일입니다. 제안서 올리라고 해서 올리면 보시고는 제가 올린 제안서와는 전혀 다르게 이렇게 저렇게 하라고 명령합니다. 그럴 때마다 아예 처음부터 이거 해라 저거 해라 하면 되지 왜 제안서는 올리라고 하는지 이해 할 수 없습니다. 또 사회복지사 자격증만 있지 실제로 사회복지 경력은 없습니다. 전혀 다른 업종에서 일하시던 분이 부장으로 온 것도 탐탁지 않습니다. 이사장님이 이익 사업을 키우기 위해 부장님을 모셨는지도 모르겠습니다.

컨설턴트 _ 두 가지 이슈issue가 있습니다. 하나는 자리 이슈고 하나는 가치 이슈입니다. 일단 자리 이슈부터 이야기 하겠습니다. 조직에 새로 들어오는 사람의 태도는 가장 낮은 자리에 있어야 합니다. 직급이 위라고 해도 조직의 형태장이 새로운 사람을 받아들일 때까지 기다려야 합니다. 여자들이 시집가면 남편의 동생을 아무리 어려도 남동생은 '도련님', 여동생은 '아가씨'라고 존칭해서 부르는 것도 남편의 가족 공동체에 가장 나중에 들어갔기 때문에 비록 자리는 위에 있어도 태도는 낮게 하는 것과 같습니다. 부장은 조직에 가장 나중에 들어갔기 때문에 그 조직의 형태장을 먼저 이해해야 합니다. 그 조직에서 의사결정을 할 때 중요하게 여기는 가치가 무엇인지, 어떤 관행들이 있는지, 어떤 언어를 쓰는지를 관찰하고 그것에 적응할 때까지는 본인과 맞지 않더라도 기존 조직에 있던 사람들이 하는 대로 따라가야 합니다. 그렇게 하다보면 조직에 있는 사람들이 부장 자리의 주인으로 받아들입니다. 관계가 맺어지는 데 시간이 필요합니다. 시간이 차면 관계 공간이 생깁니다. 그것은 누가 먼저랄 것 없이 동시에 일어납니다. 우리 몸도 이물질이 들어오면 일단 알레르기 반응을 일으켜 거부를 하지 않습니까? 기다려 보고 유익하다 싶으면 받아들입니다. 그렇게 되면 면역력이 높아집니다. 조직은 몸으로 따지면 위장이나 간장, 폐 같은 기관이고 조직 안에 있는 사람들은 그 기관을 구성하고 있는 세포라고 이해하시면 쉽습니다. 아마도 의뢰인의 부장은 그런 과정을 몰랐던 것 같습니다. 그래서 조직 구성원이 부장을 받아들일 준비도 되지 않은 상태에서 힘을 쓰는 바람에 알레르기 반응이 나타난 걸로 보입니다. 의뢰인은 그럼에도 불구하고 부장의 자리를 존중해야 합니다. 자리에서 오는 권한과 책임을 존중해야 합니다. 그래야 의뢰인이 의뢰인 자리에서 자유롭게 일할 수 있습니다.

의뢰인과 부장 자리를 바꾼다.

● **내면의 자리교정**

컨설턴트 _ (대리인들에게) 어떠세요?

대리인들 _ (모두) 좋습니다. 편합니다.

컨설턴트 _ 이제 가치에 관한 이야기를 하겠습니다. 의뢰인 회사의 존재 가치는 무엇입니까?

의뢰인 _ 사회적으로 소외된 사람들을 위해 봉사 하는 것입니다.

컨설턴트 _ 의뢰인이 살면서 가치 있었던 경험을 얘기해 보세요.

의뢰인 _ 제가 이 년 전에 쪽방에 기거하시는 분들을 대상으로 상담을 했습니다. 쪽방에 기거하는 분들은 대부분 우리 사회에서 가장 빈곤층에 계시는 분들이고 가정이나 사회에서 소외된 분들이 주로 많습니다. 그래도 노숙자들보다는 삶에 대한 애정도 있으시고 일을 하려는 의지가 있는 분들입니다. 처음엔 제가 나이가 훨씬 어리고 삶의 경험도 없고 해서 저를 무시하셨습니다. 그래도 꾸준히 찾아뵙고 웃으면서 인사하고 기관에서 무엇을 도와야 하는지를 묻고 실제로 개선을 해 드리고 하는 활동을 하면서 그분들이 마음을 열기 시작했습니다. 제가 가면 반가와 하시고 기다려 주시고 살아온 세월을 이야기해 주시면 듣곤 했었지요. 그때는 제가 사회복지사로서 존재가치를 느꼈습니다. 지금 일하고 있는 곳에서도 처음엔 회원관리 업무를 맡았었습니다. 주로 간병인 관리였는데 처음엔 딸 또래인 저를 어리다고 무시하셨습니다. '어린 것이 뭘 안다고 그러냐.' 하면서 욕하는 분도 계셨습니다. 또 참고 그 분들이 무슨 말을 하던 잘 들었습니다. 시간이 흐르니까 그분들도 마음을 열기 시작하셨습니다. 그 시간들은 의미 있고 가치 있는 경험들입니다.

컨설턴트 _ 의뢰인이 가치를 느끼는 활동과 회사의 가치를 관계지어 보세요.

의뢰인 _ 그러고 보니까 제가 가치를 두고 있는 활동들이 회사의 존재이유인 소외된 사람들의 행복을 위해 봉사하는 활동이었네요. 하지만 현재 하고 있는 일은 프로그램 짜고 홍보하는 일입니다. 지금 하는 일에서 가치를 찾기가 어렵습니다.

컨설턴트 _ 교육 대상자들에게 가장 필요한 것이 무엇인지 아시는 분이 교육 프로그램을 만들어야 하는 것 아닌가요?

의뢰인 _ 그렇긴 하지만 내 마음대로 프로그램을 만들 수도 없습니다. 부장님 선에서 잘리는데요. 뭐! 부장님은 정말 필요한 프로그램보다는 행정적으로 관리가 가능한 프로그램을 원하세요. 마음과 관련된 프로그램을 해서 어떤 성과가 있었는지 계량해서 서류로 만들기는 어렵잖아요. 그래서 그러신 것 같아요. 감사도 받아야하고 프로젝트 결과 보고도 해야 하니까요.

컨설턴트 _ 창의성을 발휘해 보세요. 의뢰인이 만든 프로그램을 행정적으로 인정 받을 수 있도록 서류를 만들면 되지요. 궁리하면 통합니다. 남들 한 것에 신경 쓰지 말고 의뢰인 표를 만들어 보세요. 그것이 브랜드 아닙니까? 그것이 인정되면 좋은 것이고 안 되면 다시 인정될 때까지 개선하고, 시도해 보세요. 가볍게 생각하고 시도해 보세요. 일은 윗분들에게 받아들여져야 일할 수 있는 자유가 보장됩니다. 마음 놓고 일할 수 있는 자유는 어디에서 옵니까?

의뢰인 _ 열정?

컨설턴트 _ 사장님과 부장님을 존경할 때 일할 수 있는 자유가 주어집니다. 사장님과 부장님을 존경하면 의뢰인이 만든 프로그램이 효과가 별로 없다거나 또는 그런 일이 일어나면 안 되겠지만 만의 하나 불상사가 생기더라도 일차적 책임은 의뢰인이 지겠지만 부장님과 사장님이 더 큰 책임으로 의뢰인을 보호합니다. 지금까지 이사장님과 부장님에 대해 말씀하신 내용들은 의뢰인의 그 분들에 대한 인식입니다. 실제로 그분들이 어떤 분인지는 그분들과 관계하는 사람마다 다릅니다. 중요한 것은 의뢰인의 인식입니다. 눈을 감고 그분들에게 말씀해 보세요.

● 풀림의 문장

부장님, 사장님, 당신들은 제가 자유롭게 일할 수 있도록 보호 하십니다. 고맙습니다.

● 의뢰인의 피드백

사장님과 부장님의 대리인을 마주 보니 고개가 숙여집니다. 이 현상도 자리의 힘은 아닐까요? 내가 내 자리에 주인으로서 서니 상급자에게 저절로 고개가 숙여집니다. 부장님께 미안한 마음이 듭니다.

★부서 간 갈등 - 어느 부서가 우위에 있는가

　이슈issue _ 후배가 재정부 팀장이 된 이후 재정부서 직원들과 우리 팀 직원들 사이가 나빠졌습니다.

●이슈issue의 배경

저는 해외 영업부 팀장입니다. 후배가 재정부 팀장으로 인사이동 된 이후로는 우리 팀원들과 재정부 팀원들이 서로 싸우는 일이 잦습니다. 문제의 원인이 어디 있는지 모르겠고 협조가 안 되다 보니 일하는 데도 예전에 없던 문제들이 발생합니다.

컨설턴트 _ 사장님과 후배인 재정부 팀장, 의뢰인의 대리인을 세우고 형태장 안에 흐르는 관계성을 봅시다.

● 의뢰인 내면의 그림

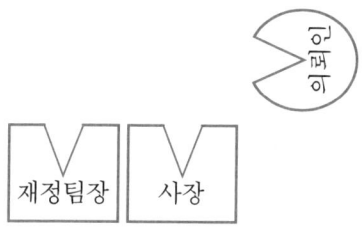

3명의 대리인 자를 세운다. 사장 대리인 왼쪽에 재정팀장 대리인을 나란히 세운다. 시선은 둘 다 앞을 향한다. 의뢰인의 대리인을 사장 대리인 오른쪽에 세우니까 재정팀장과 사장 대리인의 시선이 의뢰인 대리인을 향한다.

컨설턴트 _ (대리인들에게) 어떠세요?

재정팀장 대리인 _ 평가 받는 느낌입니다.

사장 대리인 _ 신경 쓰입니다. 거추장스럽습니다. 다른 곳으로 가면 편한 것 같습니다.

의뢰인 대리인 _ 재정팀장과 사장이 뭐 하는지 궁금합니다.

컨설턴트 _ 그 자리에 서면 사장님과 재정부를 평가하느라 일을 못합니다. 자리를 바꿔 보겠습니다.

● 내면의 자리교정

| 의뢰인 | 재정팀장 | 사장 |

대리인들이 서로 자리를 옮겨 가며 편안한 자리를 찾는다. 재정팀장 대리인이 사장 왼편에 섰다. 그리고 의뢰인의 대리인이 그 다음 서열 자리에 섰다. 의뢰인 대리인은 재정팀장 왼쪽 자리를 가장 편안해 한다.

의뢰인 _ 저 자리는 아랫자리 아닙니까? 선생님, 제가 선배인데요. 재정부 팀장은 제 후배입니다. 입사 서열도 제가 먼저입니다. 그래도 저보다 우선하는 자리에 섭니까?

컨설턴트 _ 회사가 생존하기 위해서는 부서마다 주어진 기능과 역할이 다릅니다. 기업 생존에 어느 부서가 더 큰 책임을 지고 있는지를 인식해야 합니다. 후배라 하더라도 후배 있는 자리가 기능상 더 큰 책임을 지고 있기 때문에 그 자리를 존중해야 합니다. 그래야 상호협력이 이루어집니다.

의뢰인의 대리인이 입을 삐죽대며 후배인 재정팀장 대리인을 옆 눈으로 흘겨보고 있다.

컨설턴트 _ 대리인의 반응을 보니 의뢰인은 아직 자기 자리를 받아들이지 못하고 있는 것 같습니다. 영업부 입지를 강화하기 위해서 일을 세우겠습니다. 부서 간 매개체인 일을 통해 부서 간의 관계가 강화됩니다.

● 내면의 자리 교정

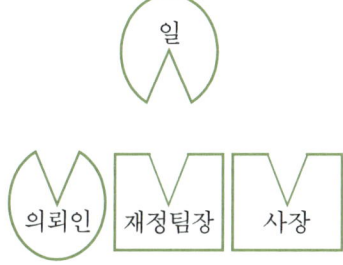

일 대리인 세우니까 후배를 보고 있던 의뢰인의 대리인을 포함한 모든 대리인들의 시선이 순식간에 일에 초점을 맞추게 되면서 모두의 관계성이 강화되었다. 일을 통해 부서 간 서로 다른 입장이 통합되는 과정이다.

의뢰인 _ (숨을 깊게 내 쉬면서) 이제야 제가 중요한 사람이라는 느낌이 드네요. 힘이 생깁니다.

● 의뢰인의 피드백

후배가 나보다 기능적으로 우선하는 자리에 있다니 왠지 기분은 상하네요. 어째든 그 것을 인정하고 수용하는 것이 존중이라고 하니 할 말은 없지만 후배가 있는 자리가 그렇게 힘 있는 자리인지 사실 몰랐습니다. 과연 내면에서 내가 수용을 할 수 있을지 장담할 수 없지만 적어도 생명이 흐르는 존중은 나에게 수용력을 키워야 한다는 것을 가르치고 있다는 것은 이해가 됩니다.

★선거에 임하는 내면의 태도 교정 컨설팅 편

이슈issue _ 선거에 출마한 다른 입후보자와의 관계 때문에 난감합니다.

● 이슈issue의 배경

선거에 출마했습니다. 선거를 앞두고 난처한 일을 겪고 있습니다. 세 입후보자가 출마했는데 그 중에 한 입후보자가 중상 모략하는 바람에 유세는커녕 해명하러 다니느라 바쁩니다. 이 난감한 상황을 어떻게 해야 할지 모르겠습니다.

● 의뢰인 내면의 그림

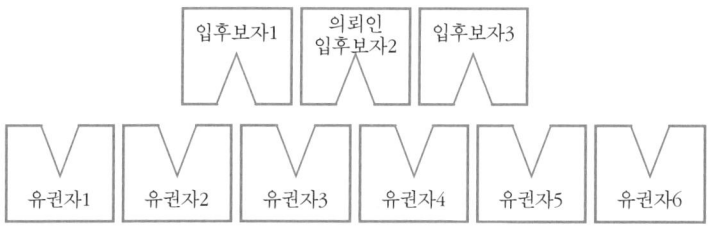

입후보자1 | 의뢰인 입후보자2 | 입후보자3

유권자1　유권자2　유권자3　유권자4　유권자5　유권자6

입후보자 세 사람을 번호 순으로 세웠고 유권자 대리인 여섯 사람을 세웠다. 의뢰인을 중상 모략하는 입후보자1의 대리인은 유권자에게 다가가려고 하는 의뢰인의 대리인을 못 가게 막고 의뢰인의 대리인은 유권자에게 가려고 실랑이를 벌인다. 그러는 동안 입후보자3의 의뢰인은 유권자에게 가서 연신 허리를 숙여 인사를 하고 악수를 하면서 관계를 맺고 있다. 의뢰인은 대리인들의 움직임이 현재 겪고 있는 모습과 똑같다며 신기하다는 말을 연거푸 한다. 그러면서도 경험해 본 적이 없는 낯선 작업에 잔뜩 긴장해서 눈을 어디에 둘지 몰라 두리번거린다.

의뢰인 _ 나는 이날 이때까지 청렴결백하게 살았고, 누구에게 손가락질 받을 만한 행동을 한 적도 없는데 저 분이 왜 저러는지 모르겠습니다.

컨설턴트는 의뢰인에게 중상모략하는 입후보자1을 향해 말을 따라 하라고 한다.

● 풀림의 문장

당신이 그러한 그대로 사랑하고 존중합니다.

● 의뢰인내면의 그림

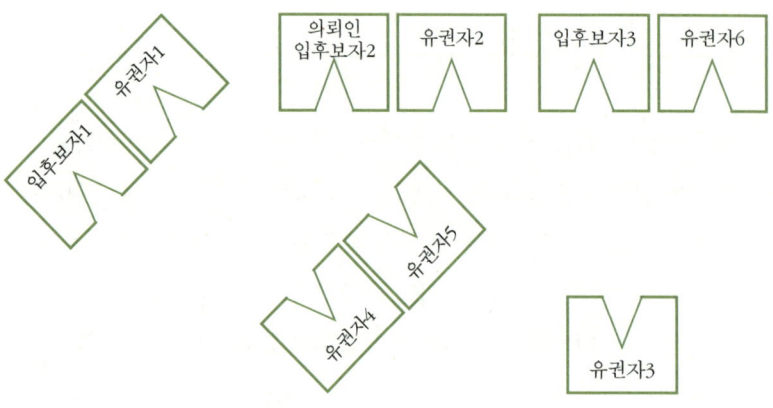

  그 말을 하자 그 중상모략하기 바빴던 입후보자1의 대리인이 유권자를 향했다. 그리고는 유권자 대리인 중 한 사람 옆으로 갔다. 그때서야 의뢰인의 대리인도 한 유권자에게 가서 인사를 했다. 세 입후보자 대리인들이 서로 유권자에게 인사를 하는데 편이 갈리기 시작했다. 의뢰인은 대리인들의 역동을 지켜보더니 지지자세력, 반대세력, 부동세력(유권자 4, 5), 차기 회장세력(유권자3)으로 보인다고 말했다. 대리인들의 태도가 아주 다르다. 반대세력 대리인이 부동세력 대리인에게 손짓을 하며 영향을 크게 미차고 있다. 부동세력 유권자 4, 5를 향해 말한다.

●풀림의 문장

당신의 선택을 존중합니다. 고맙습니다.

문장이 끝나자 의뢰인의 대리인을 경계하던 부동세력 유권자 대리인들의 눈빛이 한결 부드럽게 풀리면서 옆으로 비켜섰던 몸을 틀어 의뢰인의 대리인을 향해 선다. 부동세력으로 있던 유권자 대리인들과 내면에서 관계를 맺게 되면서 의뢰인의 경직된 얼굴이 한결 부드럽게 풀리고 편안한 표정으로 바뀐다.

컨설턴트 _ (의뢰인에게) 유권자들이 원하는 회장 자리는 어떤 자리입니까?

의뢰인 _ 청렴결백하고, 업무 처리 깔끔하게 하고, 비전을 가진 자리입니다.

컨설턴트 _ (유권자 대리인들에게) 회장 자리는 어떤 자리입니까? 느껴지는 대로 편하게 말씀해 보세요. 그 자리에 정확하게 서면 그 의식이 흐릅니다. 의식이 욕구가 되어 언어로 표현됩니다. 한 분씩 말씀해 주세요.

유권자 대리인 _ 농민과 직원에게 봉사하는 자리, 청렴결백한 것도 좋고 고매한 인격도 좋지만 조직이 생존할 수 있도록 관련 단체에 가서 협의를 잘해내야 되는 자리, 직원과 농민을 존중하고 사랑하는 자리…….

의뢰인 _ (부끄러워하면서) 제가 교만했군요. 이 세션session을 좀 더 일찍 했다면 더 좋았을 텐데 선거일을 이틀 앞두고 한 것이 못내 아쉽습니다.

이후 결과가 궁금했다. 대리인을 섰던 분들도 모두 궁금해 했다. 의뢰인은 회장에 당선되었다. 세 후보자가 동점이 나와 재투표를 했는데 한 표가 의뢰인에게 오면서 기적적으로 당선됐다.

● 컨설턴트의 피드백

컨설턴트로서 아쉬운 점이 있다면 의뢰인이 지속적으로 컨설팅을 받아서 최고 경영자로서의 리더십을 깨우는 훈련을 했다면 얼마나 좋았을까 하는 점이다. 적은 지지 세력으로 최고 경영자의 일을 하려면 어려움이 많을 것이 예상되었기 때문이다. 의뢰인은 회장이 된 이후 컨설팅을 받지 않았다. 의뢰인에게는 최고 경영자로서 리더십을 발휘 하려면, 청렴결백을 앞세운 선비정신은 고귀하지만 넘어서야 할 관문이다. 모든 사람의 지지를 받고 최고경영자의 자리에 가도 넘어야 할 고비가 많은 법인데 어렵게 회장이 됐다면 지지 세력을 키워 사업을 진행하는 데 힘이 되는 사람들을 구축해야 하는 새롭게 관계 맺는 훈련이 필요하다. 그런 면에서 좀 더 훈련을 했다면 차후 일에 도움이 많이 됐을 것이다.

★고객을 대하는 내면의 태도 교정 컨설팅 편

이슈issue _ 돈 벌어 주겠다는데 왜 내 말을 안 듣지요?

● 이슈issue의 배경

저는 교육 받고 있는 보험설계사입니다. 제가 주변 사람들에게 보험 회사에 취업했다고 했더니 전화도 받지 않습니다. 친하게 지내던 사람들이 절 회피하는 모습에 나의 인간관계가 이 정도밖에 안 되었던가 하는 마음까지 생깁니다. 내가 돈 벌어 주겠다는데 왜 내 말을 거부하지요?

컨설턴트 _ 대리인 세우기의 관계성을 보겠습니다.

● 의뢰인 내면의 그림

고객 대리인 네 명을 세운다. 고객 대리인 앞을 의뢰인의 대리인이 머리를 약간 오른쪽으로 기울인 상태에서 턱을 위로 치켜들고 오른쪽 손을 허리에 대고 고객의 앞을 사열하듯 왔다 갔다 하며 고객 한 사람 한 사람 훑어보는 폼이 거만하기 그지없다.

컨설턴트 _ (의뢰인에게) 저렇게 행동하는 특별한 이유라도 있나요?

의뢰인 _ 저 저러지 않는데요!

컨설턴트 _ 고객을 만날 때 가장 두려운 것이 뭡니까?

의뢰인 _ 절 무시할까봐 두렵습니다.

컨설턴트 _ 저런 태도로 고객을 대하면 고객이 의뢰인을 무시하지 않고 존경할 것 같으세요? 관계를 정확하게 맺어 보겠습니다. 모두 들어가세요.

●내면의 자리교정

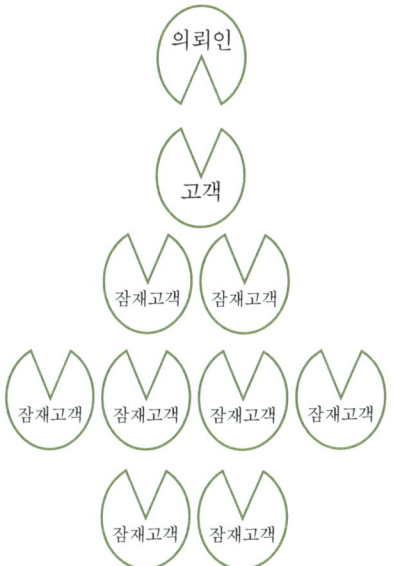

의뢰인이 장 안으로 들어가 직접 선다. 맞은편에 고객을 한 사람 세우고 뒤에 잠재 고객을 무더기로 세운다. 잠재고객은 고객 한 사람을 통해 의뢰인에게 소개될 보이지 않는 고객들이다. 의뢰인의 까불까불하던 태도가 진지해졌다. 얼굴에 긴장감이 흐른다.

컨설턴트 _ (의뢰인에게) 고객이 어떻게 보이세요? 아까 와는 어떤 차이가 있습니까?

의뢰인 _ 주눅이 드는데요!

컨설턴트 _ 누가 옆에 있으면 힘이 되겠습니까?

의뢰인 _ 팀장님이요.

● 내면의 자리교정

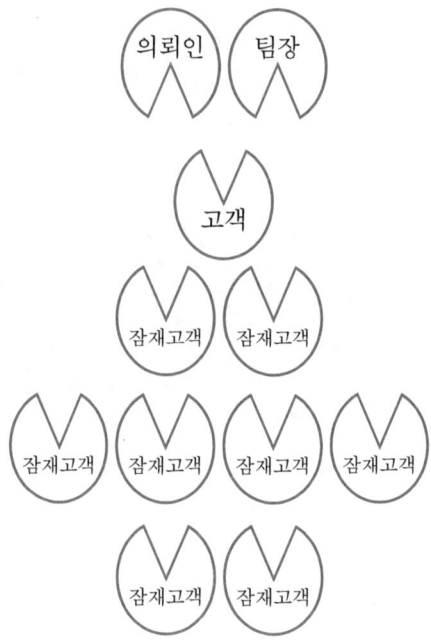

  컨설턴트 _ (팀장 대리인을 세우면서) 어떠세요? (의뢰인의 표정을 보더니) 뭔가 2% 부족한 것 같군요. 보험 하시는 분 중에 닮고싶은 또는 존경하는 선배나 보험인이 계세요?

  의뢰인 _ 네, 두 분 계십니다.

● 내면의 자리교정

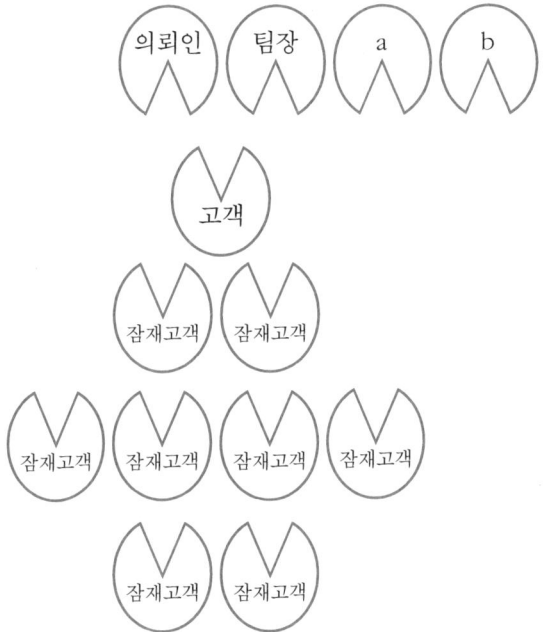

컨설턴트 _ (의뢰인에게) 어떠세요? 차이가 있습니까?

의뢰인 _ 훨씬 힘이 납니다.

컨설턴트 _ (고객 대리인에게) 어떠세요?

고객 대리인 _ 혼자 서 있을 때는 만만해 보였는데 옆에 세 사람
이 서니까 다르게 보이네요. 훨씬 믿음직스럽습니다.

컨설턴트 _ (의뢰인과 고객 대리인에게) 두 분 서로 마주 보세요.
몸의 느낌을 존중하시고 몸이 움직이는 대로 내어 맡겨 보세요. 아
주 천천히 움직여 봅니다.

● 내면의 자리교정

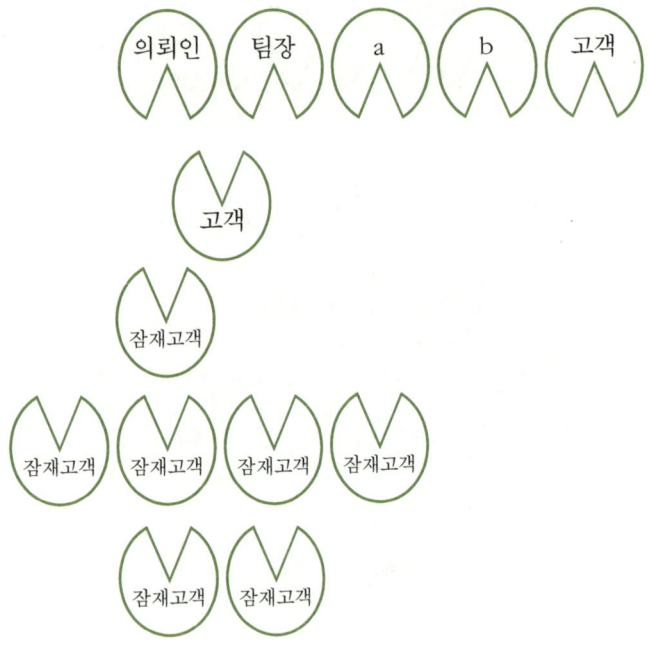

5분 정도의 시간이 흐르자 의뢰인의 몸이 아주 천천히 고객을 향해 숙여진다. 고객도 이에 응답하듯 고개를 숙인다. 고객이 천천히 b의 옆으로 이동한다. 컨설턴트가 의뢰인을 세운다. 의뢰인은 그때까지 허리를 90도로 숙인 채 있다. 컨설턴트가 의뢰인에게 고객이 오른쪽으로 이동한 것을 가리킨다. 의뢰인과 고객이 서로 보고 웃는다. 잠재고객 중 한 사람이 고객자리로 이동한다. 앞으로 나온 잠재고객과 의뢰인이 마주 본다.

컨설턴트 _ (의뢰인에게) 세션session하면서 내면에서 올라온 문장이 있었습니까?

의뢰인 _ 네, "고맙습니다."가 진심으로 올라왔습니다. 고객이 오른쪽으로 이동한 것은 어떤 의미 입니까?

컨설턴트 _ 오른쪽으로 간 고객을 보니 어떠셨습니까?

의뢰인 _ 우리 편 같았습니다.

컨설턴트 _ 황금고객은 기업 편입니다. 잘 모시세요.

의뢰인 _ 이렇게 세션session하면 고객이 생깁니까?

컨설턴트 _ 고객과 정확하게 관계할 수 있는 태도가 유지되면 일하는데 용이하실 겁니다.

● 의뢰인의 피드백

고맙습니다. 제가 고객을 대하는 태도가 불량했던 것은 내면의 힘이 없어서 그랬던 것 같습니다. 아까 깊게 인사할 때는 아주 깊이에서 허리까지 숙일 수 있는 힘이 느껴졌습니다. 예전에 느껴보지 못했던 힘입니다. 제가 힘이 생길 때까지 오른쪽에 팀장님과 선배님이 항상 계시다고 상상하면서 일을 해 보겠습니다.

● 컨설턴트의 피드백

힘 있는 사람이 겸손합니다. 한 번 경험했다고 해서 쉽게 되지는 않습니다. 훈련이 필요합니다. 깊게 숙인다는 것은 상대를 받아들인다는 의미입니다. 상대를 받아들인다는 것은 의뢰인이 보험인으로서의 정체를 받아들인다는 것이지요. 자기 존중입니다. 의뢰인 스스로 보험설계사인 자신을 존중하는 것입니다.

2. 버트 헬링거의 가족세우기

생명의 시작에 대한 감사 (사랑의 질서 1)

부모님이 자녀에게 주고 자녀가 부모님으로부터 받는 것은 어떤 다른 것이 아니고 바로 생명입니다. 이 생명은 부모님이 주셨지만 부모님에게 속한 것은 아닙니다. 그러나 부모님은 그 생명을 통해서 자기 자신을 줍니다. 있는 그대로 더할 수도 뺄 수도 없이. 그러기에 부모님은 그 생명에 무엇을 더하거나 뺄 수도 유보할 수도 없습니다. 그리하여 자녀들은 부모님으로부터 받은 생명에 더할 수도 뺄 수도 거절 할 수도 없습니다. 자녀들은 부모님을 가질 뿐만 아니라 부모 자신입니다. 자녀는 부모님이 주신 생명을 온전함으로 받고 부모님을 부모인 그대로 어떤 다른 소원이나 거절이나 두려움 없이 인정하고 받아들이는 것이 사랑의 질서입니다. 이 받아들임은 겸손의 완성입니다. 이는 부모님을 통하여 우리에게 주어진 생명과 운명을 받아들임을 의미합니다. 주어진 한계와, 선물로 주어진 가능성과, 가족에의 운명적인 얽힘과, 가족에의 책임과, 운명의 가벼움과 무거움으로의 얽힘, 이 모든 것을 받아들입니다.

우리 앞의 부모님께 무릎을 꿇고 두 손을 앞으로 내며 손 안쪽을 위로 하고 큰절을 하며
"당신들께 모든 영광을 돌립니다." 말하고 일어나서 부모님의 눈을 보고 생명의 선물에 다음과 같이 감사함으로써 우리는 이 받아들임의 효과를 경험할 수 있습니다.

존경하는 어머님(아버님),

생명을 당신으로부터 받습니다.

그 생명을 위해서 당신은 대가를 치렀으며, 저도 또한 대가를 치릅니다.

당신을 기쁘게 해드리기 위해 그로부터 무엇을 합니다.

삶이 헛되지 않게 하겠습니다.

이 생명을 확실하게 귀하게 받습니다.

그래서 허락하신다면 당신과 같이 줍니다.

당신을 저의 어머님(아버님)으로 받아드립니다.

저는 당신의 자녀입니다.

당신은 저에게 온전하십니다.

저도 또한 당신의 온전한 자녀입니다.

당신은 크시고, 저는 작습니다.

당신은 주십니다. 저는 받습니다, 어머님(아버님)

당신과 아버님의 만나셨음은 저에게 기쁨의 원천입니다.

당신들만이 저에게 옳고 완전하십니다.

오직 당신들만이 !!!

이것을 이루는 사람은 자기 자신을 확실히 알게 되어 자신이 옳고 온전하다는 것을 안다.

인연과 그 결과 (사랑의 질서 2)

남자가 여자를 여자로 취하고 여자가 남자를 남자로 취하게 되면, 그들은 남자와 여자로서 사랑을 실행하게 된다. 이러한 사랑의 실행은 영혼에 깊은 영향을 미친다. 이 사랑의 실행으로 여자와 남자는 뗄 수 없이 서로 연결된다. 그 이후에는 그들이 원해도 더 이상 자유롭지 않게 된다.

예를 들어 설명해보자.

부부나 연인이 헤어지게 되면, 어찌하여 마음이 그렇게 아픈가? 어찌하여 헤어질 때 그렇게 심하게 싸우게 되는가? 그리고 왜 실패감과 죄책감이 따라 오는가? 인연이 있기에 그러한 것이다. 한 여자와 한 남자가 사랑의 실행으로 서로 맺어진 후 헤어져서 다른 새로운 상대를 만나게 되면 첫째 인연이 계속 효과를 발휘하고 있기에 두 번째 상대와의 인연이 첫째 인연과 같지 않다는 것을 그들은 금방 확인할 수 있다. 그래서 두 번째 상대와의 이별의 경우에 아픔과 죄책감이 첫 번째 이별의 경우보다 적다. 세 번째 상대의 경우는 더 적어지고 네 번째부터는 거의 아픔이 없다.

어떤 사람이 나에게 오래 지속되는 확실한 관계를 찾고 있다고 말했다. 그래서 나는 질문했다. "몇 번의 진실한 관계를 가졌습니까?" 그가 일곱 번이라고 말했다. "당신은 더 이상 오래 지속되는 관계를 맺을 수 없을 것입니다." 라는 말을 듣고 그는 되물었다.

"방법이 없겠습니까?" 있습니다. 당신이 일곱 여자 분을 모두 존경하여 그녀들이 당신께 선물한 것을 사랑으로 받아들여 귀하게 여기고, 그 선물들을 당신 마음에 모아 새로운 관계에 흐르게 한다면, 가능성이 있습니다."

예전의 인연이 있다고 해서 나중의 관계가 불가능하다는 것은 아니다. 옛 상대가 존경되어지고 존중되어지면, 나중의 관계는 가능하다. 그런 상황에 있는 사람을 상담할 때에, 예를 들면, 한 남자가 그의 첫째 여자에게 나는 다음과 같이 말하게 한다.

"우리의 사랑은 변하지 않습니다." 아주 아름다운 문장이다.

이리하여 첫째 여자는 존경되어지고, 대개 화해가 이루어진다. 이런 과정이 없으면 기이한 얽힘이 일어나게 되어, 나중의 관계에서 생긴 아이는 아무에게도 의식되지 않지만, 첫째 여자를 대신하게 된다.

세대를 넘어서는 얽힘과 그 해결 (사랑의 질서 3)

가족에서는 정의와 조절에 관한 아주 깊은 욕구가 있다. 가족과 씨족은 그들이 마치 공동의 영혼을 가지고 있는 것과 같이 산다. 이 공동의 영혼은 가족에게 줌과 받음의 조절이 세대를 넘어 가도록 한다. 예를 들어 한 남자가 가볍게 첫째 부인과 헤어져 그녀를 아프게 하여 그녀가 그에게 악의를 품는다면, 아마도 그는 둘째 부인과의 관계에서 태어난 여자아이가 그에게 악의를 품어 딸의 아버지를 향한 느낌이 첫째 부인이 그에게 갖고 있는 느낌과 같다는 것을 경험하게 된다.

이 경우의 풀어짐은 다음과 같다.
즉 이 남자는 그의 첫째 부인에게 다음과 같이 말한다.

"내가 당신께 잘못했습니다. 제 가슴이 아픕니다.
당신이 저에게 선물한 것을 존중합니다.
당신의 사랑은 컸습니다.
저의 사랑도 같았습니다.
우리의 사랑은 변하지 않습니다."

그러면 우리는 첫째 부인이 존경되어지기에 너그럽게 되는 것을 관찰할 수 있다.
이 남자는 또한 말할 수 있다.

"지금의 저의 부인을 보아 주세요.
그녀와 저는 이 아이를 가졌습니다.

우리들을 너그럽게 보아 주세요.”
대개의 경우 첫째 부인은 여기에 동의한다.
첫째 인연은 이렇게 좋게 풀어진다.

만약 딸과 같이 상담을 하는 경우에는 딸은 아버지에게 다음과 같이 말할수 있다.

“여기 있는 분이 저의 어머님이고 저는 그의 딸입니다.
당신의 첫째 부인과 저는 아무런 관계가 없습니다.
당신들 사이에서 일어난 일은 저에게 아무런 관계가 없습니다.

저를 당신의 딸로 보아주세요.
저도 당신을 저의 아버님으로 받아들입니다.
저는 당신들만을 의지 합니다.”

어머님에게 이 딸은 다음과 같이 말할 수 있다.
“오직 당신만이 저에게 옳은 분이십니다.
아버님의 첫째 여자와 저는 아무런 관계가 없습니다.
이제 당신 곁에 섭니다.
저를 당신의 딸로 보아주세요.
저도 당신을 저의 어머님으로 받아들입니다.”

다음과 같이 더 추가하게 되어,
“당신은 크시고 저는 작습니다.”
그녀는 가족에서 딸의 위치를 차지하게 된다.
그리하여 옛 인연은 더 이상 나쁘게 후세대에게 작용하지 않을 수 있다.

성의 위대함

사랑의 실행으로 인해 남여 사이에는 깊은 인연이 생긴다. 이 인연은 결혼을 했다기보다는 사랑의 실행으로 인해 끊어질 수 없다. 근친상간이나 강간의 경우에도 가끔 이 인연이 생긴다. 이것으로 성의 위대함을 알 수 있다.

성은 더러운 것이라고 사람들은 생각한다. 성은 모든 장애에도 불구하고 생명을 가져온다. 이러한 의미에서 성은 사랑보다 위대하다. 사랑으로 이루어진다면 당연히 성은 특별히 위대하다. 그때 눈을 마주보게 되면 그것은 서로서로의 사랑의 실행이다. 실행의 위대함을 인정하는 것이 사랑의 성취를 위한 가장 중요한 조건이다.

다음과 같은 말이 있다. "남자들은 오직 그것만 원하고 여자들은 다른 것을 원한다." 그것을 원하는 사람은 옳은 것을 원한다. 가끔 사랑의 실행을 둘러싼 남녀 간의 보이지 않는 힘겨루기가 있다. 예를 들어 한 상대가 갈망하고 원하는 경우에 다른 상대가 단지 들어만 주는 경우에, 그는 우월한 위치를 갖게 된다. 필요로 하고 갈망하는 상대는 그리하여 열등한 위치에 오게 되어 사랑은 파괴된다. 사랑은 두 사람이 원할 때에 상대방이 받아준다는 확신이 있을 경우, 즉 서로서로가 사랑으로 원하고 준다는 확신이 있을 경우에 성취된다. 당연히 서로 배려해야 한다는 것은 더 말할 것도 없다.

주고받음 (사랑의 질서 4)

사랑의 실행에서 기본적으로 나타나는 동등한 관계는 삶의 다른 분야로 넓어진다. 남녀관계는 사랑으로 연결된 끊임없는 주고받음의 조절을 통해서 잘 되어간다.

예를 들어보자. 한 남자가 한 여자에게 그녀를 사랑하기에 선물한다. 그는 선물하자마자 우월한 위치에 오게 된다. 남자는 주고 여자는 받는다. 그러자 여자는 받았기에 남자에게 의무를 느낀다. 그녀는 남자에게 선물함으로써 조절하려고 시도한다. 그러나 그녀는 그를 사랑하기에, 남자가 그녀에게 준 것보다 조심스럽게 더 많이 준다. 이제 남자는 주어야하는 의무감을 느낀다. 그는 그녀를 사랑하기에 더 많이 주면서 조절하려고 한다. 그리하여 사랑으로 연결된 조절의 욕구에 의해 상승하는 교환, 즉 주고받음의 더 큰 것이 생긴다. 이리하여 남녀는 마음속 깊이 연결되며, 행복도 증가된다. 이런 좋은 교환은 좋은 남녀관계의 초석이 된다.

많은 남녀관계를 보면 한 배우자가 다른 배우자에게 상처를 주는 경우가 있다. 여기에서도 상처를 받은 상대는 조절의 욕구를 가진다. 즉 복수의 욕구를 가진다. 이 배우자는 상대에게 상처를 주게 되는데 옳다고 느끼기에 더 많이 상처를 주게 된다. 이리하여 상처는 상승된다. 나쁜 면에서 교환이 점점 상승된다. 이 교환도 남녀를 불행하게도 깊이 연결시켜준다. 깊이 연결되어 있기에 헤어지지도 못한다.

이런 악순환으로부터 벗어날 수 있는 간단한 방법이 있다. 좋은 교환에서 사랑으로 더 많이 주는 것과 같이, 나쁜 교환에서는 사랑으로 상처를 덜 주는 것이다. 그리하여 좋은 교환이 다시 시작된다. 간단하지만 아주 효과가 많은 방법이다.

배우자의 가족과 결혼 (양심의 한계 1)

남녀가 같이 살게 되면, 그들은 초기에 어려움을 겪는다. 그들이 아주 다른 가정환경에서 자랐기 때문이다. 개인이나 부부를 수십 년에 걸쳐 치료해 오면서 내가 관찰한 것은, 거기에 양심이 작용한 다는 것이다. 이때의 양심은 선, 악과 상관없는 것이다. 그러기에 많은 사람들이 선한 양심을 가지고, 아주 나쁜 것을 행하는 것이다.

양심의 중요한 기능은 사람을 가족에게 묶어 둔다는 것이다. 양심은 한 사람이 가족에 속하기 위해서는 무엇을 해야 하고, 해서는 안 되는 것이 무엇인가에 아주 예민하게 반응한다. 자신의 가족에게 속하는 행동을 한 때에는 사람들은 편한 양심을 갖는다. 반면에 귀속의 권리를 위태롭게 하여 추방되어질 행동을 할 경우에는 양심에 가책을 갖는다. 그러나 각자의 가족에게 귀속의 조건으로 간주되어지는 것이 상대의 가족에게는 귀속의 권리를 위태롭게 한다는 것이다.

예를 들어 예전에는 한 가족이 구교(가톨릭)에 속하면, 거기에는 예외가 없었다. 이 믿음을 갖지 않게 되면 가족으로부터 추방되었다. 또한 어떤 신교(개신교) 가정에서는 교회에 다니는 것이 귀속의 조건이었다. 그리하여 구교 집안의 남자와 신교 집안의 여자가 결혼하게 되면, 그들은 양심에 가책을 받아 괴로워했다. 그들은 각자의 가족에 갖는 귀속감을 잃어버릴까 하고 두려워했다. 그리하여 가끔 두 배우자 간에 종교를 두고 보이지 않는 싸움이 시작되었다. 결혼생활이 잘 되어가게 하기 위해서는 남녀가 각각 각자의 가족을 떠나야 한다. 겉으로가 아니고 각자의 가족에게서 적용되던 원칙들을 버리고, 배우자와 양 가족에게 알맞은 새로운 원칙들을 찾아가야 한다.

'내 가족은 문제없는데 상대방의 가족이 문제야'라고 많은 사람들은 말한다. 이런 말은 부부관계에 독소로써 작용한다. 한사람과 결혼하려면 그의 가족과도 결혼하여야 한다. 다시 말하면 상대방의 가족을 상대방 자신과 같이 존경하고 사랑하여야 한다. 그래야 이 사랑은 충만해진다.

배우자 관계에 있어서 운명적인 결함

많은 부부들은 아주 특별한 운명을 갖고 있다.

예를 들어 부부 중 한 사람은 아이를 가질 수 없는데 다른 사람은 아이를 원하는 경우다.

아이를 가질 수 없는 것은 자기 자신만의 운명인 것이다. 그는 상대에게 자기와 운명을 같이 하자고 요구할 수 없다. 그리하여 이런 운명을 갖는 자는 상대를 마음속으로 놓아주어야 한다. 그럼에도 상대가 떠나지 않는다면 이것은 아주 특별한 선물이다. 이 선물은 아주 귀하게 여겨져야 한다. 이것은 요구할 수 있는 것이 아니다.

예를 들어 이때에 남자가 여자에게 "내가 아이를 가질 수 없음에도 당신이 나를 떠나지 않는 것은 특별한 선물입니다. 나는 이것을 마음속 깊이 귀하게 여깁니다. 당신은 나를 정말로 신뢰해도 됩니다."라고 말하는 것은, 사랑의 조절과 같은 것이다. 그리하여 그들은 같이 살 수 있게 된다.

부부관계는 부모 됨보다 우선한다 (사랑의 질서 5)

부모 됨은 부부관계의 연속이기에 부부관계가 부모 됨보다 우선한다는 것은 중요하다.

부부관계가 원만하지 못한 부부가 나에게 상담을 원하면 나는 묻는다. "부모 됨과 부부관계 중 어느 것이 우선됩니까?" 부부가 아이를 갖게 되면 부모의 역할을 위해 온힘을 다하기에, 부부를 위해선 거의 아무것도 하지 못한다. 그러나 부모의 자식에 대한 사랑은 부부사랑에서 그 힘을 얻는다. 전자의 사랑은 부부사랑의 연속이다. 부부관계가 우선되면 부모 됨은 수월하게 된다.

무엇보다도 부모가 남녀로서 사랑하는 것을 경험하는 아이들은 매우 행복해 한다.

월권으로 인한 불손 (사랑의 질서 6)

가족에서 나중 된 자가 먼저 된 자로부터 받아, 주는 자를 존경하는 대신에, 먼저 된 자에게 주려고 하여 동등하거나 우월하다고 할 경우에는, 주고받음의 질서가 전도된다. 예를 들어 부모가 자기의 부모나 배우자에게 받지 못한 것을 자녀에게 받으려고 하고, 자녀도 부모에게 주려고 하면, 부모는 자녀와 같이 받으려고 하고, 자녀는 부모와 같이 주려고 한다. 이때의 주고받음은 위에서 아래로가 아니라, 아래에서 위로 흐르려는 시냇물과 같이 결코 흐르고 싶은 곳에 도달하지 않는다.

얼마 전 한 그룹에서 여자를 만났다. 그녀의 아버지는 눈이 멀었고 어머니는 벙어리였다. 그녀의 부모는 서로 보완하며 살고 있었다. 그러나 그 여자는 그녀가 부모를 돌보아야 한다고 생각했다. 그래서 나는 이 가족을 세우게 하여 감춰진 것이 드러나게 했다. 가족세우기 중에 대역의 아이(딸)는 그가 부모보다 크고 부모가 작은 것 같이 행동했다. 그러자 어머니는 아이에게 말했다. "나는 너의 아버지와 잘 살 수 있다." 그리고 아버지도 말했다. "나는 너의 어머니와 잘 살 수 있다. 우리는 너를 필요로 하지 않는다." 이때 그 여자는 매우 실망했다. 그녀는 자녀의 위치로 다시 되돌아오게 된 것이다.

그날 밤 그녀는 잠을 잘 수가 없어서 나에게 도움을 청했다. 나는 "잠을 잘 수 없는 사람은 자기가 어떤 것을 감시해야 한다고 생각한다."라고 말하고 다음과 같은 어떤 소년의 이야기를 해주었다. 그 소년은 전쟁 중의 폭격에 죽은 형을 돌보고 있었다. 쥐가 자기의 형을 먹지 못하도록 하기 위해서였다. 며칠 동안 잠을 안자고 깨어 있었기에 기진맥진 되었을 때 한 친절한 늙은이가 말해주었다. "쥐는 시체를 먹지 않는단다." 그 말을 들은 그 소년은 잠이 들었다. 그날 밤 그 여자도 더 잘 잘 수 있었다.

주고받음의 순서를 거스르는 자는 가끔 실패와 몰락으로 자신을 무겁게 처벌한다. 그러한 그는 자기 잘못과 실패의 관계를 알지 못한다. 주고받음의 질서를 거스르지만 사랑으로 주고받기에 자기의 불손을 알지 못하며, 그것을 좋은 일이라고 생각한다. 그러나 질서는 사랑으로 극복되지 않는다. 영혼의 균형 감각이 사랑보다 작용하여 행복과 목숨을 희생하더라도 사랑의 질서가 작용되도록 한다. 이렇게 질서에 대항하는 사랑의 투쟁은 모든 비극의 시작과 끝이다. 이것을 피할 수 있는 단 한 가지 방법은 질서를 알고 사랑으로 질서를 따르는 것이다. 질서를 아는 것이 현명함이며, 사랑으로 질서를 따르는 것은 겸손이다.

귀속에의 동등한 권리

가족에 속한 사람은 누구나 가족에 속할 권리를 갖는다. 그러나 많은 가족에서는 이 권리를 인정하지 않는다. 예를 들어 결혼한 남자가 혼외의 아이를 갖는 경우에 그의 부인은, "이 아이와 그의 어머니를 나는 알 필요가 없어, 그들은 우리식구가 아니야."라고 말한다.

혹은 가족 중에서 한 사람이 아주 어려운 운명을 가졌던 경우, 즉 할아버지의 첫째 부인이 해산하다가 돌아가신 경우에 이 운명은 다른 사람들에게 공포를 유발시켜 사람들은 그녀를 식구에 속하지 않는다 하며 잊는다.

혹은 일탈하는 행동을 하는 가족에게 "너는 우리에게 치욕이 되기에 우리는 너를 우리 식구로부터 제외한다."라고 사람들은 말한다. 아주 많은 도덕은 실제에 있어서는 사람들이 다른 사람들에게 "우리는 너희들보다 더 많은 귀속의 권리를 가진다. 그래서 너희들은 우리보다 더 적은 권리를 가진다."라고 말하는 것 이외에 다른 아무것이 아니다. 그들은 혹은 말하기도 한다. "너희들은 귀속의 권리를 잃었다."라고, 그리하여 선은 '나는 더 많은 권리를 가진다.'이고, 악은 '너희들은 더 적은 권리를 가진다.'이외 아무것도 아니다.

공동운명체, 운명

공동운명체

부모와 자녀는 여러 면에서 서로 도움을 필요로 하며, 능력에 따라 공동의 행복을 위해 기여하여야 하는 공동운명체이다. 여기에서는 모두 주고 모두 받는다. 자식도 부모가 늙어서 부양을 필요로 하면 봉양을 해야 하며, 부모도 이를 요구하고 자식으로부터 받아야 한다.

운명

우리가 다른 사람의 희생으로 행운이 따르는 경우에, 이 어찌 할 수 없는 운명에 대해 우리는 우리가 책임이 있는 것으로 경험한다. 예를 들어보자. 어떤 사람이 태어나는데 그의 어머니는 산후 후유증으로 죽었다 하자. 그는 아무런 잘못이 없다. 아무도 그에게 책임 추궁할 생각조차도 않는다. 그는 아무런 잘못이 없지만 편안해 하지 못한다. 그의 삶이 운명적으로 어머니의 죽음과 연결됨을 알기에 죄책감을 벗지 못한다.

다른 예를 들어보자. 자동차 운전 중 타이어가 펑크 났다. 반대 방향의 차선으로 미끄러지면서 정면충돌을 한다. 상대방은 죽지만 그는 구조된다. 그는 잘못이 없지만, 그의 삶이 다른 사람의 죽음과 연결되기에, 그는 죄책감에서 벗어나지 못한다.

이렇게 운명적인 죄와 무죄의 경우에 우리는 우리의 무력감을 경험할 수밖에 없다. 그래서 우리는 매우 어렵게 이 운명을 견디어

낸다. 우리가 책임이나 공로를 가졌다하면, 우리는 또한 권력이나 영향력을 가진다고 할 것이다. 그러나 우리가 선의를 가지든 악의를 가지든 상관없이, 죽음과 삶, 구조됨과 불행, 치유와 질병을 결정하는 계산 할 수 없는 운명에 우리가 넘겨져 있는 것을 우리는 경험한다.

이 운명적인 무력감은 많은 사람들에게 너무나 경악스러워서, 그들은 얻어진 행운과 삶을 은총으로 받아들이기보다 차라리 그것들을 버린다. 지불되지 않는 구조됨이나 잘못이 없는 책임에 넘겨짐으로부터 벗어나기 위해, 그들은 나중에 개인적인 책임이나 업적을 가져오는 행동을 하려고 가끔 시도한다.

운명적인 죄에 대한 일반적인 반응은, 다른 사람의 희생으로 이익을 본 사람이 그 이익을 제한하거나 포기하거나 버린다는 것이다. 예를 들면 자살이나 중병에 걸리거나 혹은 실제로 죄를 범함으로써 벌을 받는다. 이러한 해결들은 주술적인 생각(내가 죽음으로 다른 사람이 구원 된다는)과 관계가 있으며, 저절로 주어진 행운을 어린아이와 같이 이해하는 행태이다. 그러나 자세히 보면 그렇게 함으로써 불행은 작아지지 않고 더 커진다.

어머니가 아이를 낳다가 죽은 경우에, 이 아이가 자기의 삶을 제한하거나 자살한다면, 어머니의 희생은 소용없이 되었으며, 더 나아가 아이의 불행을 어머니에게 책임을 지우게 된다.

그러나 아이가 다음과 같이 말함으로,

"존경하는 어머님,
당신은 당신의 생명을 나의 출생 중에 잃으셨지만,
이것이 헛되지 않게 하겠습니다.
저는 당신을 마음에 두어 그로부터 무엇을 이룹니다."

운명적인 죄의 압박이 삶을 위한 원동력이 되어 다른 사람이 이룰 수 없는 행동을 가능하게 한다. 그렇게 함으로 어머니의 희생은 그녀의 죽음을 넘어서는 좋은 결과를 가져와 화해와 평화를 가능하게 한다.

여기에서도 모두가 조절의 중압감을 갖는다.
운명으로부터 무엇을 받은 사람은 그에 상응하는 것을 줄려고 한다.
줄 수 없으면 그에 대응되는 것만큼 실패하려고 한다.
이러한 방법들은 누구에게도 소용이 안 된다.

운명은 우리의 요구나 보상이나 죄 속에 아무런 관심을 갖지 않는다.

자녀 교육의 비밀

딸을 교육하는데 힘들어하는 부모가 한 선생님을 찾아와서 묻는다. 그 선생님은 그들에게 다음과 같은 세 문장으로 옳은 교육을 위해 설명했다.

1. 아이를 교육하는데 있어서 부모는 각자의 가정에서 중요했거나 부족했던 것을 옳은 것이라고 여긴다.

2. 아이는 부모의 가정에서 중요했거나 부족했던 것을 옳은 것이라고 여기고 따른다.

3. 부모 중의 한 분이 상대에 반대하여 교육하는데 자신의 의견을 관철하면 아이는 자기도 모르게 관철당한 부모의 편이 된다.

다음으로 선생님은 부모에게 그들의 자녀가 언제 어떻게 부모를 존경하고 사랑하는가를 서로 알아채는 것을 허락할 것을 제안했다. 그러자 부모는 서로의 눈을 맞추었고 그들의 얼굴이 환해졌다. 마지막으로 딸이 어머니의 말을 잘 들을 때 아버지가 매우 기뻐하는 것을 딸이 느끼도록 하라고 아버지에게 조언했다. 어머니에게는 아들이 아버지의 말을 잘 들을 때 어머니가 매우 기뻐하는 것을 아들이 느끼도록 하라고 조언했다.

지혜의 길

현자는 공포와 의도와 욕심이 없기에
세상을 있는 그대로 인정합니다.

그는 과거와 화해하기에
죽음과 함께 지난 것 너머로
노력하지 않습니다.

세상과 합일의 상태에 있기에
전체를 볼 수 있습니다.
그래서 생명의 흐름이 허락할 때에만
개입합니다.

의도가 없기에
가능함과 불가능함을 구별합니다.

지혜는 오랜 연습과 훈련의 결과이지만
한번 체득하면 쉽게 됩니다.

지혜는 언제나 과정이어서
찾아서
목적지에 닿는 것이 아니고
자랍니다.

양심의 한계

우리는 말이 말을 타는 기수를 아는 것과 같이 또는 위치와 방향을 잡는 항해사가 별을 아는 것과 같이 양심을 안다.

그러나 많은 기수가 같은 말을 타고 배에서는 많은 항해사가 많은 별들을 관찰한다.

문제는 기수가 누구에게 복종하는가이고 그리고 선장은 배를 위해 어느 방향을 잡는가이다.

대답

한 젊은이가 스승에게 질문했다. "자유가 무엇입니까."

"무슨 자유?" 되물으면서 스승은 대답했다.

첫 번째 자유는 어리석은 행위이다. 이는 기수를 등에서 떨어뜨리려고 날뛰는 말과 같다. 날뛰면 날뛸수록 기수의 손잡이가 죄어지는 것을 나중에 느낀다.

두 번째 자유는 후회이다. 이는 배가 난파한 후에 구조선을 타지 않고 난파한 배에 머물러 있는 항해사와 같다.

세 번째 자유는 통찰이다. 이것은 어리석은 행위와 후회 이후에 온다. 이것은 바람에 흔들리는 갈대와 같이 연하기에 휘어지면서

서 있다."

젊은이가 물었다. "그것이 전부 입니까?"

스승이 대답했다. "많은 사람들은 스스로가 자기 영혼의 진리를 찾았다고 생각한다.

그러나 큰 영혼은 그들을 통해서 생각하고 찾으며, 자연과 같이 아주 많은 시행착오를 한다.

그래서 틀린 사람을 새로운 사람으로 항상 간단히 교체한다.

그러나 큰 영혼으로 하여금 생각하게 하는 사람에게는 조금의 여유를 주어서, 흐르는 강물에 자신을 맡긴 사람을 강물이 하는 것과 같이, 큰 영혼은 그 사람을 하나 된 힘으로 강 저편에 데려다준다."

사랑의 질서

질서는 경계 지워 주고
사랑은 그 안을 채운다.

질서는 항아리이고
사랑은 물이다.

질서는 모아주고
사랑은 흐른다.
사랑과 질서는 같이 작용한다.

가사가 화음에 맞추듯
사랑은 질서에 따른다.
설명을 할지라도
우리의 귀가 불협화음에 거북해하는 것과 같이
우리의 영혼도
질서를 무시하는 사랑을 견디지 못한다.

이 질서를
사람들은 마음대로 갖고 바꿀 수 있는
생각으로 취급한다.

그렇지만 질서는 우리에게 주어졌다.
우리가 이해를 못해도 작용한다.

질서는 생각해낸 것이 아니라 찾아진 것이다.

의미와 영혼과 같이
그의 효과를 보고
우리는 질서를 찾는다.

영혼의 움직임

우리로 하여금 양심의 강요를 넘어섬을 가능하게 하는 것은 영혼의 움직임이다. 양심을 깔보지 않고 전보다 더 높은 차원에서 양심을 존중하면서, 양심의 강박으로부터 우리가 풀어질 때에, 우리 안으로 어떤 것이 온다. 이 움직임은 양심이 가능하게 하는 또는 요구하는 것을 훨씬 넘어서는 해결로 이끈다.

이 움직임은 틀림없이 자발적이다. 두 양심(개인 양심과 집단 양심)이 그의 나쁜 면에서 힘을 잃게 되어, 무엇보다도 치료자에게서 힘을 잃게 되어, 그가 양심을 더 이상 따르지 않고 더 큰 관계에 자신을 열면 영혼의 움직임은 오기 시작한다. 이 움직임은 적대적인 것을 포용하며 존중하게 하는 풀림을 가져오게 한다. 그리하여 모두가 자신에게 맞는 자리와 위치를 찾게 되어 전에는 가능하지 않던 화해가 온다.

싸움 후에 배우자와 새로운 시작

이 경우에 새로운 시작을 위한 하나의 방법은 각자가 이 관계(배우자 관계)의 가장 깊은 바람(희망, 소원)을 적습니다.

이때에 주의할 점은 어떤 요구나 비난의 냄새가 풍겨서는 안 됩니다.

각자 자신으로부터 시작합니다. 나의 가장 깊은 바람은… 하면서 자신을 위하여 적습니다.

며칠 후 저녁에 남자는 이 글을 여자에게 읽어줍니다.

이것을 들은 여자는 아무런 반응을 하지 않습니다.

동의하지도, 말하지도, 반대하지도 않고 단지 듣기만 합니다.

며칠 후 여자도 남자에게 똑같이 합니다.

오직 읽어만 줍니다.

여자와 똑같이 남자도 동의하지도, 반대하지도 않습니다.

아무런 반응을 하지 않습니다.

그 이후 더 이상 그것에 대하여 말하지 않습니다.

아버지의 딸과 어머니의 아들

남자는 여자를 존경하는 것을 아버지로부터 배웁니다. 그리고 여자는 남자를 존경하는 것을 어머니로부터 배웁니다. 아버지의 딸, 즉 어머니보다 아버지와 더 많은 관계를 맺는 딸은 남자를 존경하지 못합니다.

C.G. 융은 남자의 영혼에 여성적인 부분이 있다고 말합니다. 그는 이것을 아니마Anima라고 부릅니다. 또한 여자의 영혼에 남성적인 부분이 있다고 합니다. 이를 그는 아니무스Animus라고 부릅니다.

아버지의 딸은 자신의 영혼에 강한 아니무스를 가집니다. 그녀는 덜 여성적입니다. 그러나 아름답습니다. 그녀는 쉽게 연인이 되나 부인은 되지 못합니다. 어머니의 딸은 남자를 존경합니다. 그러기에 길게 보아서 남자는 어머니의 딸에게서 편안해 합니다.

반대로 어머니의 아들은 소년으로 머물고 남자는 되지 못합니다. 많은 연인이 있으나 부인은 없습니다. 카사노바는 어머니의 아들입니다. 남성우월주의자는 어머니의 아들입니다. 모든 영웅은 어머니를 위해 싸웁니다. 그들은 어머니의 아들들입니다. 그러기에 분별없이 싸웁니다. 생명을 쉽게 여기는 사람은 어머니의 아들입니다. 아버지의 아들들은 현명합니다.

자녀교육과 양심 (양심의 한계 2)

자녀교육과 양심의 관계를 보겠습니다. 여자는 어떤 것이 적용되는 특별한 가정에서 자랐습니다. 남자도 특별한 가정에서 자랐습니다. 그래서 결혼은 상대뿐만 아니라 상대 가정과도 하게 되는 것입니다.

여자의 생각이나 느낌이 남자의 것과 다른 바와 같이, 여자의 가정도 남자의 가정과 같이 완전히 다르지만, 두 가정은 완전히 좋습니다. 그런데 여자는 그녀의 가정이 남자의 가정보다 더 좋다고 일반적으로 생각합니다. 남자도 마찬가지입니다. 그리하여 자녀를 낳고 자녀교육을 하는데 있어서 남녀는 각각 자신의 부모님으로부터 받은 가정교육을 관철하려고 합니다. 이때에 여자가 자신이 받은 가정교육뿐만 아니라 남자가 받은 가정교육도 좋게 여기게 되면 그녀는 양심에 거리낌을 받습니다. 그녀는 친정의 규범에서 일탈하게 됩니다. 남자도 마찬가지입니다. 그가 부모님의 규범으로부터 일탈하게 되면 양심에 가책을 받습니다.

자녀교육 문제로 부모가 다툰다면 자녀들은 어떤 영향을 받습니까?
어머님을 따르게 되면 아버님에 대해 양심에 거리낌을 받고, 아버님을 따르게 되면 어머님에 대해 양심에 거리낌을 받습니다.

양심의 가책을 가지고 사는 아이들, 얼마나 힘들겠습니까?

해결은 누구에게서 나옵니까?

3. 독자코너

닫는 글

　나는 15년 동안 인간의 내면세계를 공부했다. 내 나이 40대 중반을 넘어섰으니 인생의 3분의 1이 투자된 셈이다. 그럼에도 불구하고 부족하다. 늘 시작인 것 같고, 아직도 미련스럽게 공부하고 있다. 내가 의도했든지 아니면 어떤 힘이 나를 밀었는지 알 수 없지만 나는 기꺼이 보이지 않는 길을 간다. 나는 공간을 보면서 시간과 함께 간다. 나를 이끄는 힘이 어떤 것이냐고 물으면 할 말이 없다. 하지만 깊은 신뢰와 보호 속에 내가 존재하고 있고 이 안에서 나는 자유롭다. 어떤 결정을 하든지, 어떤 환경에 노출되든지 그 모든 것은 언제나 나를 성장으로 이끈다는 것을 나는 안다.
　이 성장의 길에 당신을 초대한다.

　★조직세우기 A/S 카페 안내
　온라인 카페에 오시면 책에 대한 애프터서비스를 해 드립니다.

　다음 카페 자연스런치유[가족세우기*조직세우기] [http://cafe.daum.net/noni21c]에 오시면 책에서 밝히지 못 한 인간의 내면세계, 조직세우기 세션session한 사례를 만나 볼 수 있습니다. [조직세우기 A/S 센터] 게시판에서는 저자와 간단한 상담도 할 수 있고 무료 공개 특강 등 프로그램에 대한 정보도 만날 수 있습니다.

　유명화 핫 라인 : y7m7h7@naver.com

세우기 과정 안내

과정의 목적

참여자들의 다양한 고민거리들을 몸으로 이해하는 체험과정을 통해 내면의 숨겨진 역량을 계발하고 문제해결 능력을 높이는 통찰력을 키운다.

기대효과

- 인격이 성숙해지고 권위가 흐르는 사람이 된다.
- 내면의 태도를 교정하는 훈련을 통해 겸손해진다.
- 무의식 세계에 대한 통찰력으로 잠재력이 활성화되고 창의적인 사람이 된다.
- 사람들의 행동 패턴에 대한 깊은 이해로 조직 구성원 간 이해와 화합의 조직을 만든다.
- 사람들과 의사소통을 잘 할 수 있다.
- 대리인의 움직임을 통해 관계 패턴을 인식함으로써 조직 속에 감추어진 관계 법칙을 알아차린다.

과정의 특징

- 과정의 대부분은 의뢰인, 대리인, 관찰자로서 체험하는 참여식 워크숍 형태다.
- 모든 참여자는 놀라운 변화를 체험한다.
- 고민거리에 대한 알아차림의 효과가 즉시 일어난다.

교육 대상

- 기업체 관리자, 교육 담당자, 강사, 스트레스 해소를 원하는 분,
가족관계, 인간관계, 일 관계, 돈 관계로 고민하시는 분,
성공하고 싶은 분, 행복한 삶을 원하는 분.

교육문의

- 다음카페 자연스런치유[가족세우기*조직세우기] 코스안내 게시판
- http://constellations.tistory.com
- 이메일 : y7m7h7@naver.com
- 핸드폰 : 010-2708-2342 (유명화)

유명화

조직에 영혼을 불어넣는 조직세우기

초판 1쇄 인쇄일 | 2010년 05월 10일
초판 1쇄 발행일 | 2010년 05월 17일

지은이 | 유명화
펴낸이 | 노정자 · 정일근
펴낸곳 | 도서출판 고요아침
주 간 | 이지엽
편집 및 디자인 | 홍의동

출판 등록 2002년 8월 1일 제 1-3094호
120-814 서울시 서대문구 북가좌동 328-2 동화빌라 102호
전화 | 302-3194~5, 3144
팩스 | 302-3198
E-mail : goyoachim@hanmail.net
Shopping mall : www.dabook.net

ISBN 978-89-6039-294-6(03180)